张荣臣
蒋成会　著
郑超华

勇

坚定不移推进党的
自我革命

气

中共中央党校出版社

图书在版编目（CIP）数据

勇气：坚定不移推进党的自我革命 / 张荣臣，蒋成会，郑超华著 . -- 北京：中共中央党校出版社，2025.3

ISBN 978-7-5035-7703-1

Ⅰ.①勇… Ⅱ.①张… ②蒋… ③郑… Ⅲ.①中国共产党－党的建设－研究 Ⅳ.① D26

中国国家版本馆 CIP 数据核字 (2024) 第 070978 号

勇气——坚定不移推进党的自我革命

出版统筹	刘　君
责任编辑	卢馨尧
责任印制	陈梦楠
责任校对	马　晶
出版发行	中共中央党校出版社
地　　址	北京市海淀区长春桥路 6 号
电　　话	（010）68922815（总编室）　　（010）68922233（发行部）
传　　真	（010）68922814
经　　销	全国新华书店
印　　刷	北京盛通印刷股份有限公司
开　　本	710 毫米 × 1000 毫米 1/16
字　　数	159 千字
印　　张	13
版　　次	2025 年 3 月第 1 版　2025 年 3 月第 1 次印刷
定　　价	42.00 元

微 信 ID： 中共中央党校出版社　　　　**邮　　箱：** zydxcbs2018@163.com

前　言

党的二十大报告强调："全党必须牢记，全面从严治党永远在路上，党的自我革命永远在路上，决不能有松劲歇脚、疲劳厌战的情绪，必须持之以恒推进全面从严治党，深入推进新时代党的建设新的伟大工程，以党的自我革命引领社会革命。"①

2022年10月23日，习近平总书记在二十届中共中央政治局常委同中外记者见面时的讲话中强调："新征程上，我们要始终推进党的自我革命。一个饱经沧桑而初心不改的党，才能基业常青；一个铸就辉煌仍勇于自我革命的党，才能无坚不摧。百年栉风沐雨、淬火成钢，特别是新时代十年革命性锻造，中国共产党更加坚强有力、更加充满活力。面对新征程上的新挑战新考验，我们必须高度警省，永远保持赶考的清醒和谨慎，驰而不息推进全面从严治党，使百年大党在自我革命中不断焕发蓬勃生机，始终成为中国人民最可靠、最坚强的主心骨。"②

2022年10月27日，习近平总书记带领中共中央政治局常委专程从北京前往陕西延安，瞻仰延安革命纪念地，重温革命战争时期党中央在延安的峥嵘岁月，缅怀老一辈革命家的丰功伟绩，宣示新一届中央领导集体赓续红色血脉、传承奋斗精神，在新的赶考之路

---

① 习近平：《高举中国特色社会主义伟大旗帜　为全面建设社会主义现代化国家而团结奋斗——在中国共产党第二十次全国代表大会上的报告》，人民出版社2022年版，第64页。

② 《习近平著作选读》第2卷，人民出版社2023年版，第612—613页。

上向历史和人民交出新的优异答卷的坚定信念。习近平总书记来到毛泽东等老一辈革命家旧居，著名的"窑洞对"就是在这里进行的。"窑洞对"的要义，是回答如何跳出治乱兴衰历史周期率、避免人亡政息、确保政权长期存在的问题。在"窑洞对"中，毛泽东给出了第一个答案，这就是让人民监督政府。党的十八大以来，以习近平同志为核心的党中央在全面从严治党的实践中给出了第二个答案，这就是党的自我革命。走进延安革命纪念馆，习近平总书记在"延安时期的十个没有"展板前驻足，他触景生情，深入思考"窑洞对"提出的历史之问："当年毛泽东同志等老一辈革命家在延安，住窑洞、吃粗粮、穿布衣，用'延安作风'打败了'西安作风'。全党同志要把老一辈革命家和共产党人留下的光荣传统和优良作风传承好发扬好，勇于推进党的自我革命，坚定不移推进全面从严治党，始终保持党的先进性和纯洁性，确保党始终成为中国特色社会主义事业的坚强领导核心。"①

自我革命，是在以习近平同志为核心的党中央坚强领导下，总结党的百年奋斗历史经验，特别是总结党的十八大以来新的实践经验所得出来的重大理论，是对马克思主义建党学说的继承、发展和创新，是习近平新时代中国特色社会主义思想的原创性贡献之一。自我革命理论从提出的那一刻起，就鲜明烙印着以习近平同志为核心的党中央，坚定不移推进全面从严治党、夺取新时代中国特色社会主义伟大胜利的坚强信念、坚定决心和坚韧毅力。习近平总书记指出："勇于自我革命，是我们党最鲜明的品格，也是我们党最大的

① 《弘扬伟大建党精神和延安精神　为实现党的二十大提出的目标任务而团结奋斗》，《人民日报》2022年10月28日。

优势。"①百年风霜雪雨、百年大浪淘沙，我们党能够从最初的50多名党员发展到今天的9900多万名党员，战胜一个又一个困难，取得一个又一个胜利，关键在于我们始终坚持党要管党、全面从严治党不放松，在推动社会革命的同时进行彻底的自我革命。

2024年1月，在中国共产党第二十届中央纪律检查委员会第三次全体会议上，习近平总书记强调："我们党作为世界上最大的马克思主义执政党，如何成功跳出治乱兴衰历史周期率、确保党永远不变质不变色不变味？这是摆在全党同志面前的一个战略性问题。党的十八大以来，在推进全面从严治党的伟大实践中，我们不断进行实践探索和理论思考，在毛泽东同志当年给出'让人民来监督政府'的第一个答案基础上，给出了第二个答案，那就是不断推进党的自我革命。在新时代十年全面从严治党的实践和理论探索中，我们不断深化对党的自我革命的认识，积累了丰富实践经验，形成了一系列重要理论成果，系统回答了我们党为什么要自我革命、为什么能自我革命、怎样推进自我革命等重大问题。"习近平总书记指出："在深入推进党的自我革命实践中需要把握好九个问题，即：以坚持党中央集中统一领导为根本保证，以引领伟大社会革命为根本目的，以新时代中国特色社会主义思想为根本遵循，以跳出历史周期率为战略目标，以解决大党独有难题为主攻方向，以健全全面从严治党体系为有效途径，以锻造坚强组织、建设过硬队伍为重要着力点，以正风肃纪反腐为重要抓手，以自我监督和人民监督相结合为强大动力。要坚持解放思想、实事求是、与时俱进、守正创新，不断进行实践探索和理论创新，不断深化对党的自我革命的规律性认

①《习近平著作选读》第1卷，人民出版社2023年版，第576页。

识，把党的自我革命的思路举措搞得更加严密，把每条战线、每个环节的自我革命抓具体、抓深入。"①

习近平总书记关于党的自我革命的重要思想，凝结了新时代全面从严治党的丰富实践经验和重要理论成果，深刻回答了我们党为什么要自我革命、为什么能自我革命、怎样推进自我革命的重大问题，为丰富和发展马克思主义建党学说作出了重大原创性贡献，为开辟百年大党自我革命新境界提供了科学指引，为世界政党治理贡献了中国智慧、中国方案。

新思想引领新实践，新征程呼唤新担当。中国共产党立志于中华民族千秋伟业，致力于人类和平与发展崇高事业，责任无比重大，使命无上光荣。新的赶考路上，面对新问题、迎接新挑战，我们要准确把握"九个以"的实践要求，持之以恒推进全面从严治党，深入推进新时代党的建设新的伟大工程，以党的自我革命引领社会革命。

---

① 《深入推进党的自我革命　坚决打赢反腐败斗争攻坚战持久战》，《人民日报》2024年1月9日。

目　录

第一章

以坚持党中央集中统一领导为根本保证

习近平总书记在二十届中央纪律检查委员会第三次全体会议上强调深入推进党的自我革命实践必须把握好九个问题，其中第一位的就是"以坚持党中央集中统一领导为根本保证"①。这彰显了中国共产党对党的自我革命内在规律的深刻认识，把握住了推动自我革命实践的首要任务，为推动全面从严治党、党的自我革命明确了方向。必须健全维护党的集中统一的重要路径为新时代如何坚持党中央集中统一领导提供了基本思路。

一、推进党的自我革命实践的根本保证

全面从严治党是新时代党的自我革命的伟大实践。坚持党中央集中统一领导是对全面从严治党，推动党的自我革命内在规律的深刻认识，也是党的自我革命的首要任务，同时为全面从严治党、党的自我革命指引了方向。

（一）对党的自我革命内在规律的深刻认识

中国共产党坚持推进自我革命，源于马克思主义政党的革命性和社会性。马克思主义政党在成立之初就论证革命是人类社会历史发展

---

① 《深入推进党的自我革命　坚决打赢反腐败斗争攻坚战持久战》,《人民日报》2024年1月9日。

不可避免的政治行动，要求通过发起政治革命推动社会革命，这一过程必须坚持无产阶级政党的领导权。中国共产党在百年奋斗历程中坚持马克思主义政党革命理论，不断坚持真理，修正错误。站在"两个一百年"奋斗目标的历史交汇点，如何保持党的先进性和纯洁性，实现长期执政，是党必须回答好、解决好的问题。

作为马克思主义政党，党自成立之日起不仅敢于开展轰轰烈烈的社会革命，而且敢于同时推进刀刃向内的自我革命，在社会革命与自我革命的相互促进中推进党不断从弱小走向强大、从幼稚走向成熟。在新民主主义革命时期，党着重从思想建设上开展自我革命。尤其在抗日战争时期，全党更是展开了一场系统性的、思想上的自我革命，即延安整风运动。中华人民共和国成立前，毛泽东要求全党继续保持"两个务必"的优良作风。新中国成立后，党中央作出了在全党全军开展整风运动的重要指示。改革开放和社会主义现代化建设新时期，党着重从制度建设上开展自我革命，着力推动党内制度建设逐步走向规范化、程序化、法治化。进入新时代，党的自我革命全方位、深层次展开。党的十八大以来，全党开展了以政治建设为统领，全面推进党的政治建设、思想建设、组织建设、作风建设、纪律建设，把制度建设贯穿其中的自我革命。党的百余年成长史，就是一部勇于自我革命的伟大实践史。党的自我革命战略思想就是党百余年自我革命伟大实践的重大政治成果，它全面回答了"什么是自我革命""为什么要自我革命""怎么自我革命"等重大基本问题，系统阐述了自我革命即党自我净化、自我完善、自我革新、自我提高的理论内涵。

（二）推动党的自我革命实践的首要任务

党的自我革命目的是坚持和改善党的领导，而不是削弱和取消党的领导。维护党中央权威和集中统一领导作为党的自我革命实践的根本保证，标志着我们党对党的地位、党的身份以及党的角色的认识不断深化，党的领导的价值定位也更加明确，是改革开放以来党的领导理论上取得的重大新成果。党的历史和新中国的发展史都表明，没有中央权威，没有党中央集中统一领导，要治理好大党和大国，是很容易搞散和什么事情也办不成的。中国共产党在自我革命、从严管党治党的伟大实践中，同样离不开党中央集中统一领导。党的十八大以来，全面从严治党成效显著，反腐败斗争取得压倒性胜利，党的自我净化、自我完善、自我革新、自我提高能力显著增强。以习近平同志为核心的党中央，严明政治纪律和政治规矩，防止和反对个人主义、分散主义、自由主义、本位主义、好人主义等，建立了良好的政治生态。同时加强党的领导干部的政治能力建设，提高领导干部的政治判断力、政治领悟力、政治执行力，确保了领导干部听党指挥、为党尽责。而党领导制度体系的完善，确保了党在各种组织中发挥作用。党中央通过民主集中制，加强对重大工作的领导，强化中央决策议事职能，推动党中央重大决策落实，同时通过强化请示报告，加强政治监督和政治巡视，严格查处破坏党的集中统一领导问题，最终确保了党中央集中统一领导的落实。推动党的自我革命实践，离开党中央集中统一领导将一事无成，甚至有亡党亡国的风险。因此，在全面从严治党这场伟大自我革命实践中必须坚持党中央集中统一领导。

党的领导是党和国家事业不断发展的"定海神针"。"两个确立"对我们应对各种风险挑战、推进中国式现代化建设具有决定性意义，以习近平同志为核心的党中央坚强有力领导是我们战胜一切困难和风险的根本保证。旗帜鲜明讲政治、保证党的团结和集中统一是党的生命，党中央坚强有力领导是我们战胜一切困难和风险的根本保证。深入推进党的自我革命，必须以坚持党中央集中统一领导为根本保证，始终在党中央领导下统一谋划、统一部署、统一推进,成为自我革命的首要任务。中国特色社会主义进入全面深化改革时期,加强党对一切工作的领导,充分发挥党总揽全局、协调各方的领导核心作用,是推进全面深化改革的重要保障,是党和国家事业发展的坚强政治保证,更是党的自我革命的首要任务。中国特色社会主义进入新时代,全面建设社会主义现代化强国,实现中华民族伟大复兴的中国梦,是新时代党肩负的历史任务,前景光明,但是道路艰辛,这就要求坚持党对一切工作的领导,确保党成为全国人民的主心骨和坚强领导核心。新时代我国社会主要矛盾的转化,社会阶层之间的利益格局和矛盾交织日益多样化,这就要求坚持党中央集中统一领导,坚持以人民为中心,冲破利益集团和特权阶层。党的二十大重申:"坚持和加强党中央集中统一领导。"①这是新时代加强党的建设实践的必然要求。

(三)明确全面从严治党、自我革命的方向

进入新时代,中国共产党必须回答好和解决好保持党的先进性和纯洁性问题,实现长期执政。这就需要党继续发扬自我革命精神,不断迎接挑战、克服困难。首先,坚持党中央集中统一领导是全面从严治党和自我革命的价值导向。党的十八大以来,中国共产党率先提出"四个意识",增强政治意识、大局意识、核心意识、看齐意识,切实做到对党忠诚、为党分忧、为党担责、为党尽责。之后又提出"两个确立",确立习近平同志党中央的核心、全党的核心地位,充分肯定了领导核心的至关重要性,保证党中央权威和集中统一领导。核心意识、核心地位、核心思想的连续退出,是为了在全面从严治党、自我革命

---

① 习近平:《高举中国特色社会主义伟大旗帜 为全面建设社会主义现代化国家而团结奋斗——在中国共产党第二十次全国代表大会上的报告》,人民出版社2022年版,第64页。

实践中树立坚持党中央集中统一领导的价值导向。其次，坚持党中央集中统一领导是国际共产主义运动历史证明了的重要经验。革命的运动必须拥有权威和集中统一领导，才能确保革命取得胜利。中国共产党的百年党史证明，中国共产党什么时候有了自己的坚强领导核心，我们的事业就会不断从胜利走向胜利，反之，党的事业就会遭受挫折和失败。最后，坚持党中央集中统一领导是在新时代伟大斗争中形成的。进入新时代以来，以习近平同志为核心的党中央，统筹把握中华民族伟大复兴战略，贯彻党的基本路线、方针和政策，推出了一系列重大举措、重大措施，战胜了一系列重大风险，解决了长期想解决而没有解决的难题，推动党和国家取得了历史性成就。特别是在党的建设上，时刻保持解决大党独有难题的清醒和坚定，持之以恒地全面从严治党，落实新时代党的建设总要求，深入推进了新时代党的建设新的伟大工程，以党的自我革命引领社会革命。

习近平总书记指出："勇于自我革命是中国共产党区别于其他政党的显著标志。"①先进的马克思主义政党不是天生的，而是在不断自我革命中淬炼而成的。党历经百年沧桑更加充满活力，其奥秘就在于始终坚持真理、修正错误。以习近平同志为核心的党中央把全面从严治党纳入"四个全面"战略布局，探索出依靠党的自我革命跳出历史周期率的成功路径，积累了新时代全面从严治党的丰富经验。这主要是：坚持党中央集中统一领导，坚持党要管党、全面从严治党，坚持以党的政治建设为统领，坚持严的主基调不动摇，坚持发扬钉钉子精神加强作风建设，坚持以零容忍态度惩治腐败，坚持纠正一切损害群众利益的腐败和不正之风，坚持抓住"关键少数"以上率下，坚持完善党

---

① 《习近平著作选读》第2卷，人民出版社2023年版，第486—487页。

和国家监督制度，形成全面覆盖、常态长效的监督合力。习近平总书记指出："党的十八大以来，我们党以前所未有的勇气和定力全面从严治党，打了一套自我革命的'组合拳'，形成了一整套党自我净化、自我完善、自我革新、自我提高的制度规范体系。针对'七个有之'等严重影响党的形象和威信、严重损害党群干群关系的突出问题，我们坚持严的主基调，强化监督执纪问责，抓住'关键少数'，党在革命性锻造中更加坚强。特别是我们党以猛药去疴、重典治乱的决心，以刮骨疗毒、壮士断腕的勇气，坚定不移'打虎'、'拍蝇'、'猎狐'，消除了党、国家、军队内部存在的严重隐患。"①

二、把握好维护党中央集中统一领导的逻辑必然

党的领导经历了新民主主义革命时期"掌握革命的领导权"，向社会主义过渡和社会主义建设时期"党是领导一切的"和改革开放新时期"坚持和改善党的领导"的发展以及新时代"坚持党对一切工作的领导"、维护党中央集中统一领导的历史演进，是对历史经验、教训的深刻总结，是改革开放以来党的领导的继承和发展。

（一）新民主主义革命时期"掌握革命的领导权"

坚持党对无产阶级革命事业的领导是马克思主义政党的一条基本原则。在无产阶级政党成立后不久，马克思、恩格斯就指出了无产阶级政党的先进性，强调党在无产阶级运动中的领导作用。

中国共产党掌握新民主主义革命的领导权的提出，深受马克思经典作家思想的影响，是在同"两条路线"斗争中逐渐提出的。从同资产阶级争夺革命的领导权，到坚持党对军队的领导权，再到坚持新民

---

① 《习近平著作选读》第2卷，人民出版社2023年版，第560页。

主主义革命的领导权，经历了一个逐步深入和提高的过程。

1922年7月中国共产党第二次全国代表大会指出，工人阶级是"革命领袖军"，是"伟大势力"，但尚处于"极幼状态"，并未形成一种独立势力。1923年9月，瞿秋白最早提出了无产阶级领导权问题。1924年12月，彭述之提出，"中国工人阶级天然是国民革命的领导者"[①]。党的四大明确提出了无产阶级在民主革命中的领导权问题，但由于受"天然领导权"的影响，没有解决如何实现领导权问题。五卅运动之后，党明确提出了同资产阶级争夺革命领导权的思想，但此时的领导权指群众运动的领导权，由于没有掌握军队和政权的领导权，仍然无法同资产阶级争夺领导权，加上共产国际和党的右倾退让，导致了大革命的失败。

在八七会议上，毛泽东提出了"枪杆子里面出政权"的论断，确立了开展土地革命和武装斗争的总方针。1927年9月，毛泽东进行了三湾改编，从组织上确立了党对军队的领导。1929年12月，古田会议确立了党对军队的绝对领导。1934年1月，毛泽东阐述了党的领导任务与群众路线的关系，指出动员和依靠群众进行革命战争，必须关心群众生活坚持群众路线的领导方式和工作方法。但是大革命失败后党内出现了单纯强调工人成分，认为民族资产阶级已成为反革命的阶级，主张进行一次革命的观点，党的"左"倾错误越来越严重，对革命的性质和领导权也没有作出明确的回答。

抗日战争期间，毛泽东总结了两次胜利、两次失败的经验教训，明确提出了新民主主义革命的领导权问题。1935年瓦窑堡会议上，毛泽东提出了"争取统一战线领导权"的任务。1936年12月，毛泽东

---

① 中共中央党史研究室：《中国共产党历史》（上卷），人民出版社1991年版，第111页。

在《中国革命战争的战略问题》中指出："领导这个革命战争的惟有共产党，共产党已经形成了对于革命战争的绝对的领导权。"[①]1938年党的六届六中全会上，毛泽东批评了王明"一切经过统一战线"的右倾观点，强调坚持独立自主原则。1939年12月，毛泽东在《中国革命和中国共产党》中指出了中国革命的性质，提出了新民主主义革命总路线，回答了新民主主义革命的领导、动力、对象和任务等一系列基本问题，明确提出了掌握新民主主义革命领导权。

为了实现新民主主义革命的领导权，毛泽东在1939年10月《〈共产党人〉发刊词》中提出党的建设的"伟大工程"的基本任务。随后在全党范围内开展了马克思列宁主义的教育运动。1940年3月，毛泽东在《抗日根据地的政权问题》中指出："所谓领导权，不是要一天到晚当作口号去高喊，也不是盛气凌人地要人家服从我们，而是以党的正确政策和自己的模范工作，说服和教育党外人士，使他们愿意接受我们的建议。"[②]为此，在抗日民主政权人员分配上施行"三三制"原则。1942年9月，为了加强对抗日根据地的集中统一领导，党中央发布《关于统一抗日根据地党的领导及调整各组织间关系的决定》，建立了党的一元化领导体制。1943年6月，毛泽东在《关于领导方法的若干问题》中阐述了群众路线的内容和实施步骤，形成了党的群众工作的领导方式和方法，确保了新民主主义革命的领导权的实现。除此之外，还提出了新民主主义政权的领导权，在1948年《关于目前党的政策中的几个重要问题》中毛泽东阐述了实现领导的两个条件："（甲）率领被领导者（同盟者）向着共同敌人作坚决的斗争，并取得胜利；（乙）对被领导者给以物质福利，至少不损害其利益，同时对被领导者给以政治

---

① 《毛泽东选集》第1卷，人民出版社1991年版，第184页。
② 《毛泽东选集》第2卷，人民出版社1991年版，第742页。

教育。"[1]

这一时期，面对领导和动员一切力量进行反帝、反封建、反官僚资本（1948年提出）的革命战争的任务，党的领导围绕争取新民主主义革命的领导权，解决了新民主主义革命的动力、对象、领导和任务等基本问题，在局部执政中建立了党的一元化领导体制。统一战线，武装斗争和党的建设是党的正确领导的经验，也是新民主主义革命胜利的重要法宝。

（二）向社会主义过渡和社会主义建设时期"党是领导一切的"

新中国成立后，对于什么是党的领导，如何实现党的领导，马克思列宁主义那里没有现成的答案，需要中国共产党自己探索。但是中国共产党对自身的领导地位和作用有着清醒的认识。早在1949年，《中国人民政治协商会议共同纲领》就指出中国人民民主专政是以工人阶级为领导的，而工人阶级的领导作用主要通过共产党来实现。1954年，毛泽东在全国人民代表大会第一次会议上指出："领导我们事业的核心力量是中国共产党"。[2]1956年，邓小平在党的八大修改党章的报告中进一步指出："中国共产党已经是执政的党，已经在全部国家工作中居于领导地位。"[3]1962年1月，毛泽东在扩大的中央工作会议上强调："工、农、商、学、兵、政、党这七个方面，党是领导一切的。"[4]中国共产党的执政地位，决定了党的领导主要是通过国家政权组织来实现的。为实现党的领导，必须建立党领导国家政权的体制机制。

如何实现党是领导一切的，中国共产党从一开始就注意到了这个

---

[1]　《毛泽东选集》第4卷，人民出版社1991年版，第1273页。

[2]　《中华人民共和国第一届全国人民代表大会第一次会议文件》，人民出版社1955年版，第4页。

[3]　《邓小平文选》第1卷，人民出版社1994年版，第214页。

[4]　《毛泽东著作选读》（下册），人民出版社1986年版，第832页。

问题。为了加强党对国家政权的领导，1949年11月，中央政治局发布
《关于在中央人民政府内建立中国共产党党组的决定》，要求党组定期
向政权之外的党委负责、报告工作。一些地方也按此原则建立了党组。
由于建国初期对党政不分、以党代政有着清醒的认识，注重同各民主
党派合作协商来开展工作，通过选拔干部到政府中任职，来实现对国家
政权的领导，形成了党政相对分离的一元化领导体制。但随着社会分工
的需要，特别是计划经济的执行，党的一元化领导越来越不能适应。

自1953年开始，党开始设立与政府机构相对应的党的工作机构，
实行分口领导方式来加强对政权的领导。1953年3月，中央发布了《中
央关于加强中央人民政府系统各部门向中央请示报告制度及加强中央
对政府工作领导的决定》，开始建立党的直接领导体制。1955年10月，
中央建立各级党委分口领导政府工作的机构和制度，党委不仅管干
部，而且直接抓生产业务，逐步代替了政府的职能。1956年党的八大
试图纠正党与政权之间的不正常关系，但被之后的反右派斗争中断了。
1958年党中央发布《关于成立财经、政法、外事、科学等各小组的通
知》，强调大政方针和具体部署，都是一元化，党政不分，以党代政的
领导体制最终确立。"文化大革命"期间的革命委员会进一步将这一体
制推向了极端，形成了高度集中的领导体制。

中华人民共和国成立以后，党的组织和国家政权都实行民主集中
制，表现在党的领导活动中就是集体领导和个人分工负责相结合以及
党委领导制度。1956年，邓小平在《修改党的章程的报告》中指出，
党的领导必须正确处理党的中央和地方、上级和下级、个人和组织的
关系，党的集体领导的主要形式是党委制，明确了党领导国家政权的
集体领导方式和制度。除此之外，他还指出："党对于人民群众的领导
作用，就是正确地给人民群众指出斗争的方向，帮人民群众自己动手，

争取和创造自己的幸福生活。"①党的领导必须坚持群众路线。

中华人民共和国成立后，党的领导地位已经确立，处于建立党的领导体制机制的阶段。不得不承认，党的领导的探索不能说已经很成功，对什么是党的领导，如何实现党的领导还没有完全搞清楚，依然沿用了革命时期的领导方式，管了许多不该管的事。特别是1958年以后，个人崇拜严重，最终造成了"文化大革命"，为后来坚持和改善党的领导留下了深刻的教训。

（三）改革开放新时期"坚持和改善党的领导"

"坚持和改善党的领导"是在特定历史背景下提出的，邓小平在1979年3月党的理论务虚会上提出了现代化建设的四项基本原则，其中最重要的一条就是"坚持党的领导"。他指出："党的领导当然不会没有错误，而党如何才能密切联系群众，实施正确的和有效的领导，也还是一个必须认真考虑和努力解决的问题，但是这决不能成为要求削弱和取消党的领导的理由。"②

1980年1月，邓小平在《目前的形势和任务》讲话中，明确提出了"坚持党的领导，改善党的领导"③的任务，指出要改善党的组织状况，领导工作状况，纪律状况，改善党的领导制度，加强党的纪律。他在同年8月中共中央政治局扩大会议上的讲话中进一步指出："党和国家现行的一些具体制度中，还存在不少的弊端，妨碍甚至严重妨碍社会主义优越性的发挥。如不认真改革，就很难适应现代化建设的迫切需要，我们就要严重地脱离广大群众。"④并就如何改革做了具体部署，拉开了改善领导的序幕。

---

① 《邓小平文选》第1卷，人民出版社1994年版，第217页。
② 《邓小平文选》第2卷，人民出版社1994年版，第170页。
③ 《邓小平文选》第2卷，人民出版社1994年版，第239页。
④ 《邓小平文选》第2卷，人民出版社1994年版，第327页。

党的十二大报告提出"把党建设成为领导社会主义现代化事业的坚强核心"①的任务。在修订的党章中规定了"党的领导主要是政治、思想和组织的领导"②，回答了什么是党的领导。1982年，彭真在起草宪法时，把"党的领导"写入了宪法序言。在1985年5月全国教育工作会议上，邓小平进一步指出"什么叫领导？领导就是服务"③，丰富了党的领导的内涵。

如何改善党的领导向深入发展。党的十三大报告指出："党的领导是政治领导，即政治原则、政治方向、重大决策的领导和向国家政权机关推荐重要干部"④。指出要划分党组织和国家政权的职能，并逐步撤销政府部门的党组和纪检组。但是受国际国内形势的影响，改善党的领导的努力被阻断了。

党的十四大通过的党章指出"党要适应改革开放和社会主义现代化建设的要求，加强和改善党的领导"⑤，恢复了政府中设立党组和纪检组的规定。之后党的十四届四中全会提出新时期党的建设"新的伟大工程"的任务。党的十五大提出了党在社会主义初级阶段的基本纲领和"依法治国"的基本方略，对党的执政作出了定义。

党的十六大科学判定了党"历史方位"的转变，提出了"三个代表"重要思想，明确了党的执政的含义，恢复了党的领导主要是政治、思想和组织领导。强调党要按照总揽全局、协调各方的原则，在同级各种组织中发挥领导核心作用。党的十六届四中全会提出坚持"科学执政、民主执政、依法执政，不断完善党的领导方式和执政方式"⑥，加

---

① 《十二大以来重要文献选编》（上），人民出版社1986年版，第47页。
② 《十二大以来重要文献选编》（上），人民出版社1986年版，第68页。
③ 《邓小平文选》第3卷，人民出版社1993年版，第121页。
④ 《十三大以来重要文献选编》（上），人民出版社1991年版，第36页。
⑤ 《十四大以来重要文献选编》（上），人民出版社1996年版，第55页。
⑥ 《十六大以来重要文献选编》（中），中央文献出版社2006年版，第274页。

强党的执政能力建设，将党的领导纳入了党、国家和社会大系统。党的十七大提出"以人为本"的科学发展观，党的群众路线提升到了"以人为本"的高度。党的十七届四中全会进一步指出："坚持党总揽全局、协调各方的领导核心作用，坚持党的领导、人民当家作主、依法治国有机统一，改革和完善党的领导方式和执政方式，提高党的领导水平和执政水平。"①随着制度的完善，党的领导步入了良性轨道。

改革开放以来，针对否定削弱党的领导倾向，围绕坚持和改善党的领导，对党的领导是什么，什么是共产党执政有了深刻的认识，并且就如何改善党的领导，提高执政能力做了具体部署，党的领导水平和执政能力不断提高。特别是"改革和完善党的领导方式和执政方式"的提出为坚持和改善党的领导留下了继续探索的空间。

（四）新时代"坚持党对一切工作的领导"，"维护党中央集中统一领导"

党的十八大以来，中国特色社会主义的发展发生了历史性变化，对党的领导提出了新的要求。为加强和完善党的领导，党的十八届三中全会提出："全面深化改革的总目标是完善和发展中国特色社会主义制度，推进国家治理体系和治理能力现代化。"②2016年7月1日，在庆祝中国共产党成立95周年大会上，习近平总书记指出："中国特色社会主义最本质的特征是中国共产党领导，中国特色社会主义制度的最大优势是中国共产党领导。"③2017年2月13日，在学习贯彻党的十八届六中全会精神专题研讨班上，习近平总书记指出："党政军民学，东西

---

① 《十七大以来重要文献选编》（中），中央文献出版社2011年版，第148页。
② 《十八大以来重要文献选编》（上），中央文献出版社2014年版，第512页。
③ 习近平：《在庆祝中国共产党成立95周年大会上的讲话》，人民出版社2016年版，第22页。

南北中，党是领导一切的。"①2017年10月，党的十八届七中全会进一步指出："必须坚持党的领导，坚持和完善民主集中制，坚持党领导各项工作的体制机制，确保党对一切工作的领导，各地区各部门各方面都要自觉贯彻党中央决策部署，确保党总揽全局、协调各方。"②在党的十九大报告中，习近平总书记把"坚持党对一切工作的领导"作为新时代中国特色社会主义思想的首要内容向全党提出，并把"坚持和加强党的全面领导"作为新时代党的建设总要求向全党提出。③至此，"坚持党对一切工作的领导"成为新时代党的领导首要内容。

坚持党对一切工作的领导，就是坚持中国共产党的领导是中国特色社会主义的最本质特征，是中国特色社会主义制度的最大优势，党是最高的政治领导力量。党的十八大以来，以习近平同志为核心的党中央多次提到中国共产党的领导是中国特色社会主义的本质特征，是继邓小平提出社会主义本质理论后的重大发展。党的十八届三中全会指出："全面深化改革必须加强和改善党的领导，充分发挥党总揽全局、协调各方的领导核心作用，建设学习型、服务型、创新型的马克思主义执政党，提高党的领导水平和执政能力，确保改革取得成功"。④

坚持和加强党的全面领导，发挥总揽全局、协调各方的领导核心作用。党的十九届三中全会提出以推进党和国家机构职能优化协同高效为着力点，深化党和国家机构改革，形成总揽全局、协调各方的党的领导体系。指出要完善坚持党的全面领导制度，建立健全党对重大

---

① 中共中央文献研究室编：《习近平关于社会主义政治建设论述摘编》，中央文献出版社2017年版，第36页。

② 《习近平著作选读》第1卷，人民出版社2023年版，第195—196页。

③ 参见习近平：《决胜全面建成小康社会 夺取新时代中国特色社会主义伟大胜利——在中国共产党第十九次全国代表大会上的报告》，人民出版社2017年版，第20、60—61页。

④ 《十八大以来重要文献选编》（上），中央文献出版社2014年版，第544页。

工作的领导体制机制。2018年2月发布的《中央党内法规制定工作第二个五年规划（2018—2022年）》指出要完善党的领导法规制度，完善党的领导的体制机制，制定中国共产党重大事项请示报告条例等法规制度，进一步推进了党的领导的制度化。

针对新时代新任务新要求，为了提高党的领导水平和执政水平，围绕党对一切工作的领导，以国家治理体系和治理能力现代化为导向，强调坚持党各方面、各领域的全面领导，对党的领导在中国特色社会主义中的地位和作用有了更深刻认识，在推进党的领导制度化和规范化上取得了重大进展。党的领导制度不断完善，党把方向、谋大局、定政策、促改革的能力不断提高。

三、健全维护党中央集中统一领导的重要路径

中国共产党的领导是中国特色社会主义最本质的特征，是中国特色社会主义制度的最大优势，党是最高政治领导力量。进入新时代，推动党的自我革命，对党的集中统一领导提出了新要求，必须积极探寻完善维护党中央集中统一领导的路径。要坚决维护习近平总书记党中央的核心、全党的核心地位，坚决维护党中央权威和集中统一领导。旗帜鲜明讲政治，是我们党作为马克思主义政党的根本要求。讲政治不仅是党的优良传统和鲜明特点，更是党的突出优势。进入新时代，我们有了以习近平同志为核心的党中央领导集体，这是人民的选择、时代的选择。

（一）完善中央决策议事协调机构，健全党中央对重大工作的领导体制机制

要努力从机构职能设置上完善维护党中央集中统一领导的体制机制问题，解决党长期执政条件下对重大工作的决策议事协调问题，健

全对重大工作的领导体制机制。党的十八大以来，成立了中央全面深化改革领导小组、中央国家安全委员会、中央网络安全和信息化领导小组、中央军民融合发展委员会等，进一步加强党的集中统一领导，在推动重大工作上取得了重大进展，是对建立党中央对重大工作体制机制的一次生动实践。面对新任务和新形势，党中央对重大工作领导体制机制还不够完善，机构和职能设置还不够规范，其他方面的议事协调机构同党中央决策议事协调机构衔接还不够。因此，必须针对党中央领导重大工作中的突出矛盾和短板，着眼长远制度安排，该增设的增设、该优化的优化、该调整的调整，将中央决策议事协调机构置于中央政治局及其常委会的坚强领导之下，打通党中央领导与各方面重大工作的关系，理顺、规范、优化机构和职能设置，进一步增强维护党中央集中统一领导的系统性、整体性、协同性。同时，要认真学习领会习近平新时代中国特色社会主义思想中关于坚持和加强党的全面领导、建立健全党对重大工作领导体制机制、维护党中央集中统一领导的重要论述，正确理解党中央改革意图，提高贯彻落实的自觉性和坚定性。

（二）加强党的政治建设，严格执行重大问题请示报告制度

党中央制定的《关于加强党的政治建设的意见》明确加强党的政治建设必须坚持和加强党的全面领导，而坚持和加强党的全面领导，最重要的是坚决维护党中央权威和集中统一领导。政治属性是马克思主义政党的首要属性，政治建设是中国共产党加强党的建设的内在要求。马克思主义政党的崇高政治理想、高尚政治追求、纯洁政治品格、严明政治纪律，决定了其先进性和纯洁性。如果丧失了政治属性，其先进性和纯洁性就无从谈起。党的十八大以来，中国共产党坚持"党的政治建设是党的根本性建设"，坚持政治统领，把"四个意识"落实到贯彻落实党的集中统一领导上，坚决维护中央权威，不折不扣地执行党中央决策部署，决不允许自行其是、各自为政，决不允许有令不行、有禁不止，决不允许上有政策、下有对策。加强党的政治建设要严格执行重大问题请示报告制度。严格执行重大问题请示报告制度是我们党的一项重要政治纪律和组织原则，是贯彻落实民主集中制的有效措施，对于坚决维护习近平总书记核心地位，坚决维护党中央权威和集中统一领导，保证全党团结统一和行动一致，具有重要意义。习近平总书记在第十八届中央纪律检查委员会第三次全体会议上的重要讲话中指出："请示报告制度是我们党的一项重要制度，是执行党的民主集中制的有效工作机制，也是组织纪律的一个重要方面。"[①]进入新时代，严格执行重大问题请示报告制度，已经成为我们党管党治党制度体系的重要组成部分，是党的优良传统和政治优势的重要体现，必须长期坚持。严格执行重大问题请示报告制度，首先必须从各级领导机关和领导干部做起。领导干部必须强化组织观念，工作中重大问题和个人有关事项必须按规定按程序向组织请示报告。既要做好定期报告和专题报告，又要做好突发性重大问题及时报告。要根据相关党内法规规定和实际工作需要、特定要求，认真遵照执行。对于突发性和紧急性重大问题，要尽职尽力做好工作并迅速报告，避免先斩后奏。

（三）创新和改进党的领导方式，健全维护党的集中统一的组织制度

完善地方党委制度是健全维护党的集中统一的组织制度的中心任务。地方党委制度是维护党的集中统一的重要组织制度。1996年4月，中共中央印发的《中国共产党地方委员会工作条例（试行）》对加强和

---

① 《十八大以来重要文献选编》（上），中央文献出版社2014年版，第767页。

改善地方党委领导发挥了重要作用。2015年12月，中共中央修订并印发了《中国共产党地方委员会工作条例》，要求党的地方委员会在本地区充分发挥总揽全局、协调各方的领导核心作用。党的十九届四中全会指出要坚持和完善党的一系列制度体系，其中第一个制度体系就是"党的领导制度体系"。

党的基层组织是党在社会基层组织中的战斗堡垒，是党的全部工作和战斗力的基础。党的十九大对基层党组织的功能进行了重新定位，即："宣传党的主张、贯彻党的决定、领导基层治理、团结动员群众、推动改革发展"[①]。这个新的功能定位是与党的十九届四中全会精神一致的，是维护党的集中统一领导的具体体现。党的十八大以来，加快了党内法规制度建设的步伐，相继出台了《中国共产党支部工作条例（试行）》《中国共产党农村基层组织工作条例》《中国共产党党和国家机关基层组织工作条例》《中国共产党国有企业基层组织工作条例（试行）》，形成了相对完善的党的领导的组织制度体系。必须将维护党中央权威和集中统一领导融入党的组织法规，这对于维护党的集中统一领导，健全总揽全局、协调各方的党的领导制度体系具有重要推动作用。

党组制度是确保党发挥领导核心作用的重要组织制度，体现了我们党独特政治优势、组织优势和制度优势。党组制度起源于无产阶级政党的领导权理论，是我们党对如何更好地领导国家和社会的艰辛探索和创造，更是正确处理党政关系问题的关键性制度安排。党的十八大以来，中共中央印发了《中国共产党党组工作条例（试行）》，对推进党组制度规范化、程序化起到了重要作用。依据新情况、新问题，党

---

① 习近平：《决胜全面建成小康社会　夺取新时代中国特色社会主义伟大胜利——在中国共产党第十九次全国代表大会上的报告》，人民出版社2017年版，第65页。

的十九大党章修正案充实了党组的工作职责，明确了党组的政治责任，向全党印发了正式的《中国共产党党组工作条例》。党的十九届四中全会提出："完善坚定维护党中央权威和集中统一领导的各项制度。"①这要求我们必须完善党组工作制度，发挥好党组把方向、管大局、保落实的重要作用，确保党始终成为中国特色社会主义事业的坚强领导核心。必须完善党组工作制度，坚守党组工作的政治原则，做到"两个维护"。必须完善党组设立和运行的一整套体制机制，不断提高党组工作的科学化水平。要制定权力清单，科学界定党组职责，实现党组领导依法和依章程相统一，提高领导效能。

完善党政领导干部选拔任用工作制度。党的十八大以后，党中央制定了《党政领导干部选拔任用工作条例》，这是我们党关于干部工作的重要成果，是新时代选拔好干部、培养造就高素质的党政领导干部队伍的制度保障。健全维护党的集中统一的组织制度，必须完善党政领导干部选拔任用工作制度。必须强化党政领导干部的政治意识，牢牢把握政治"风向标"，将旗帜鲜明讲政治在脑中深深扎根，在行动上自觉践行，加强政治品质的考察。必须强化组织意识和组织观念，在思想上认同组织，政治上依靠组织，工作中服从组织，感情上信赖组织，激发组织活力。必须强化党政干部的纪律意识，坚持把纪律挺在国家法律的前面，把管党治党的防线从法律拉回到纪律上来，严格依党规党纪约束党政干部的行为。

中国共产党自成立以来，高度重视党的组织体系建设，在实践过程中形成了包括党的中央组织、地方组织、基层组织以及各级党委任命的党组和派出机构在内的严密的组织体系。这套组织体系是党革命、

---

① 《十九大以来重要文献选编》（中），中央文献出版社2021年版，第273页。

建设和改革的重要力量源泉。党的组织体系严密，党组织的吸引力、战斗力、号召力就能得到增强；相反，党的组织体系松散，党组织的凝聚力、号召力就会削弱。习近平总书记指出："党中央是大脑和中枢，党中央必须有定于一尊、一锤定音的权威，这样才能'如身使臂，如臂使指，叱咤变化，无有留难，则天下之势一矣'。党的地方组织的根本任务是确保党中央决策部署贯彻落实，有令即行、有禁即止。"①健全维护党的集中统一的组织制度，必须加强党的组织体系建设，突出党组织的政治功能，加强党的政治领导、思想领导和组织领导。同时，要扩大党组织的覆盖面，健全和完善企业、农村、机关、事业单位、社区、非公组织等基层领域的党的组织的建设，通过区域化党建网络促进党的组织体系不断向下延伸，扩宽党的组织的覆盖面，发挥好党的组织的引领作用。

新时代坚持党的领导，首先就是坚持党中央集中统一领导。坚持党中央集中统一领导，最关键的是自觉坚持和维护以习近平同志为核心的党中央权威和集中统一领导。党有核心，全党才能在思想上统一、行动上一致，党的自我革命才能实现，进而才能引领社会革命，实现中华民族的伟大复兴。坚持党中央权威和集中统一领导，必须围绕维护党中央集中统一领导的各项制度，加强顶层设计和整体谋划，不断健全党的领导制度体系，强化政治建设，改进党的领导方式，确保党中央在中国特色社会主义伟大事业中发挥领导核心作用。

---

① 中共中央党史和文献研究院编：《习近平关于全面从严治党论述摘编（2021年版）》，中央文献出版社2021年版，第235页。

第二章

以引领伟大社会革命为根本目的

以自我革命引领社会革命是马克思主义政党实现历史使命的内在要求，是我们党进行革命、建设和改革的宝贵经验，是科学应对世界之变、时代之变、历史之变的关键所在。勇于自我革命是中国共产党区别于其他政党的显著标志，引领社会革命是中国共产党作为马克思主义政党的重要使命。没有自我革命引领的社会革命是盲目的，没有社会革命支撑的自我革命是空洞的。

一、自我革命和社会革命有机统一、互促共进

用马克思主义武装的中国共产党，是将改造主观世界的自我革命和改造客观世界的社会革命辩证统一的革命党。党的自我革命是党领导的社会革命的必要前提和重要保障，党领导的社会革命是党的自我革命的价值追求和目标指向。回顾党的百余年奋斗历程不难发现，党的自我革命不是孤立发生、单独进行的，而是服从服务于党领导的伟大社会革命；党的自我革命取得重大进展，往往能推动伟大社会革命发生历史性飞跃。

何谓社会革命？社会革命是指人们改造社会的重大变革，其最深刻的根源是生产关系和生产力的矛盾。当现存的生产关系成为生产力继续发展的严重阻碍时，就要求通过社会革命，改变旧的生产关系以

及维护这种生产关系的旧的上层建筑，即改变社会制度解放被束缚的生产力，推动社会进一步向前发展。社会革命是新旧社会形态更替的决定性环节，是社会运动借以为自己开辟道路并摧毁僵化的垂死的政治形式的工具。社会革命在政治上的表现是一个阶级推翻另一个阶级的暴力行动，即统治阶级发生了变化。社会革命的形式是多样的，通常采取暴力革命的形式。马克思指出："暴力是每一个孕育着新社会的旧社会的助产婆。"[①]社会革命在特定的条件下也可能采取和平发展的形式。无产阶级在争取社会主义的斗争中，采取何种形式，取决于具体历史条件和客观的革命形势。此外社会生活的各个方面如政治、经济、文化等领域都要发生质的变化，因此社会革命是一个异常艰难而漫长的质变过程。

习近平总书记在二十届中央纪律检查委员会第三次全体会议上发表重要讲话，明确指出党的自我革命要"以引领伟大社会革命为根本目的"[②]。这一论断指明了中国共产党自我革命的前进方向和内在要求，突出强调党的建设与党领导的中国特色社会主义建设事业的紧密关系，是对共产党执政规律和社会主义建设规律的创新探索。这一实践要求深刻揭示了党的自我革命和伟大社会革命之间相辅相成、相互促进的辩证关系，充分体现了推进自我革命的目的所在、方向所指。

习近平总书记在马克思主义经典作家的基础上，创造性地提出社会革命是一种社会运动。马克思主义认为，社会革命以生产力和生产关系的矛盾运动为基础，不仅仅是一种破除旧的政治上层建筑的社会运动，更是一种新的社会建设运动。社会革命的两种类型，一种是"社

---

① 《资本论》第1卷，人民出版社2004年版，第861页。
② 《深入推进党的自我革命　坚决打赢反腐败斗争攻坚战持久战》，《人民日报》2024年1月9日。

会破除运动"，即经典作家眼中破除旧的政治上层建筑以实现社会形态跨越的社会运动；另一种则是"社会建设运动"，这种"社会建设运动"是在已经进入社会主义社会的前提下，继续坚持和发展中国特色社会主义制度，直至实现共产主义社会的过程。针对我国现在处于社会主义初级阶段这一历史定位，习近平总书记指出："社会主义初级阶段不是一个静态、一成不变、停滞不前的阶段，也不是一个自发、被动、不用费多大气力自然而然就可以跨过的阶段，而是一个动态、积极有为、始终洋溢着蓬勃生机活力的过程，是一个阶梯式递进、不断发展进步、日益接近质的飞跃的量的积累和发展变化的过程。"①可见社会主义社会并不是一种一成不变的东西，而是和其他社会制度一样，是经常变化和改革的社会。正因为社会主义社会自身存在发展阶段，所以才需要党领导全国各族人民推进"社会建设运动"。需要特别指出的是，"社会建设运动"是在社会主义社会中推进，社会主义社会中已经确立了工人阶级的统治地位，这也预示着在"社会建设运动"中阶级冲突的现象虽然客观存在，但阶级斗争不会成为社会的主要矛盾。反之，"社会建设运动"更加侧重建设二字，即解放生产力、发展生产力，再随之变革相应的生产关系。

社会革命的主要矛盾在于解放和发展社会生产力并随之变革生产关系。中国共产党人深刻认识到生产力和生产关系是社会革命的核心范畴，毛泽东曾指出："在社会主义社会中，基本的矛盾仍然是生产关系和生产力之间的矛盾，上层建筑和经济基础之间的矛盾。"②在这一对社会基本矛盾之中，生产力决定生产关系。正如邓小平所言："生产力

---

① 《深入学习坚决贯彻党的十九届五中全会精神　确保全面建设社会主义现代化国家开好局》，《人民日报》2021 年 1 月 12 日。

② 《毛泽东著作选读》（下册），人民出版社 1986 年版，第 767 页。

方面的革命也是革命，而且是很重要的革命，从历史的发展来讲是最根本的革命。"[1]同时生产关系又反过来影响生产力，需注意的是，过于强调变革生产关系，容易陷入不尊重客观规律的唯意志论陷阱。因此党的十一届三中全会之后，形成了以解放生产力和发展生产力为基础，再逐步变革生产关系的逻辑。沿着这一基本逻辑，中国共产党人进一步发展对社会革命基本内涵的认识，成功开创和发展中国特色社会主义，不断解放和发展社会生产力，不断提高生活水平，实现了从生产力相对落后的状况到经济总量跃居世界第二的历史。党的十八大以来，以习近平同志为核心的党中央带领中国人民继续进行伟大社会革命，在提升发展质量和效益方面取得重要成绩，更好地满足人民日益增长的美好生活需要，为中华民族复兴伟业夯实了基础。总之，我们党始终与时俱进、砥砺前行，充分发挥党的自我革命对伟大社会革命的引领作用，促进伟大社会革命不断从胜利走向新的胜利。可以说，自我革命和社会革命有机统一、互促共进，构成我们党百余年奋斗历程的一条重要脉络。

二、以党的自我革命来推动党领导人民进行的伟大社会革命

党为社会革命而生、为社会革命而战。习近平总书记指出："历史和现实都告诉我们，一场社会革命要取得最终胜利，往往需要一个漫长的历史过程。只有回看走过的路、比较别人的路、远眺前行的路，弄清楚我们从哪儿来、往哪儿去，很多问题才能看得深、把得准。"[2]中国共产党作为以马克思主义为指导的无产阶级先锋队，从成立之日

---

① 《邓小平文选》第2卷，人民出版社1994年版，第311页。
② 《以时不我待只争朝夕的精神投入工作　开创新时代中国特色社会主义事业新局面》，《人民日报》2018年1月6日。

起便致力于进行社会革命。党领导人民进行伟大社会革命的历史，也是一部党勇于自我革命的历史。在推动伟大社会革命的同时，我们党总是勇于推动伟大自我革命，始终坚持真理、修正错误，敢于正视问题、克服缺点，勇于刮骨疗毒、去腐生肌。正因为我们党始终坚持这样做，才能够在危难之际绝处逢生、失误之后拨乱反正，成为永远打不倒、压不垮的马克思主义政党。历史充分表明，伟大社会革命酝酿发生的关键时期，往往是党的自我革命的攻坚时期；党的自我革命取得重大进展，往往能推动伟大社会革命发生历史性飞跃，二者统一于党领导人民进行的伟大实践。只有做到以党的自我革命引领伟大社会革命，方能确保党在新时代坚持和发展中国特色社会主义的历史进程中始终成为坚强领导核心，始终走在时代前列，实现中华民族伟大复兴。历史已经证明，中国共产党不仅善于打破一个旧世界，而且善于建设一个新世界。历史必将证明，善于进行伟大自我革命、不断推进伟大社会革命的中国共产党，一定能够团结带领中国人民在中国特色社会主义这条人间正道上，在实现中华民族伟大复兴、全面建设社会主义现代化国家的伟大征程中不断取得新的更大胜利。

（一）改革开放和社会主义现代化建设是一场伟大社会革命

2018年12月18日，习近平总书记在庆祝改革开放40周年大会上的讲话中指出："改革开放40年的实践启示我们：打铁必须自身硬。办好中国的事情，关键在党，关键在坚持党要管党、全面从严治党。我们党只有在领导改革开放和社会主义现代化建设伟大社会革命的同时，坚定不移推进党的伟大自我革命，敢于清除一切侵蚀党的健康肌体的病毒，使党不断自我净化、自我完善、自我革新、自我提高，不断增强党的政治领导力、思想引领力、群众组织力、社会号召力，才能确保党始终保持同人民群众的血肉联系。"①

"改革开放是决定当代中国命运的关键一招，也是决定实现'两个一百年'奋斗目标、实现中华民族伟大复兴的关键一招。"②改革开放是我们党的一次伟大觉醒，正是这个伟大觉醒孕育了我们党从理论到实践的伟大创造。改革开放是中国人民和中华民族发展史上一次伟大革命，正是这个伟大革命推动了中国特色社会主义事业的伟大飞跃。改革开放已成为当代中国最鲜明的特色、当代中国共产党人最鲜明的品格。

1978年12月，在党和国家面临何去何从的重大历史关头，我们党召开了十一届三中全会，作出把党和国家工作中心转移到经济建设上来、实行改革开放的历史性决策。从那时起，中国共产党人和中国人民以一往无前的进取精神和波澜壮阔的创新实践，不断战胜前进道路上各种世所罕见的艰难险阻，推动中国经济实力、综合国力、人民生活水平不断跨上新台阶。党和人民的事业在不断深化改革中波浪式向前推进。

改革开放以来我们取得一切成绩和进步的根本原因，归结起来就是：开辟了中国特色社会主义道路，形成了中国特色社会主义理论体系，确立了中国特色社会主义制度，发展了中国特色社会主义文化。中国特色社会主义道路是建立在深厚历史经验的基础上，既不同于苏联的社会主义模式，也不同于计划经济的老路，而是我们党探索的一条独属于自己的、适合中国国情的道路。这在当时，无疑打破了关于社会主义有一成不变的固定模式的观念。中国的改革不是对我国各项制度的局部修补，而是要对我国的发展模式进行全方位的根本性的变

---

① 习近平：《在庆祝改革开放40周年大会上的讲话》，人民出版社2018年版，第34—35页。

② 中共中央文献研究室编：《习近平关于协调推进"四个全面"战略布局论述摘编》，中央文献出版社2015年版，第52页。

革，其广泛性涵盖了社会主义建设的方方面面，其深刻性会对人们的思想观念、中国社会产生根本性的影响，而且最终还会触及国家治理体系和治理能力的问题。正是在改革中，我们党开辟了中国特色社会主义，在各方面形成了整套制度。

党的十八大以来，我们党还确立了实现国家治理体系和治理能力现代化的改革目标，中国特色社会主义道路越走越宽广。举什么旗、走什么路，历来是根本性的大问题。习近平总书记多次强调中国决不能出现根本性、方向性错误，就是从举旗定向的角度讲的。当前，我们所高举的中国特色社会主义旗帜来之不易，是被实践反复检验是成功的。实践证明，这面旗帜是我们过去取得成就的根本，今后也是我们应该继续高举的旗帜。在这个问题上，决不能犹疑不决、决不能混淆视听，决不能为各种干扰所惑。

改革开放是前无古人的全新事业，必须坚持正确的方法论，在实践探索中不断摸索规律、深化认识、稳步推进。特别是随着改革开放的深入推进，各项改革的关联性和互动性日益增强，这就要求我们要更加注重各项改革的相互促进和良性互动。2020年10月，在广东考察期间，习近平总书记明确指出："新时代改革开放的内涵、条件、要求同过去相比有很大不同。"[①] 习近平总书记强调："摸着石头过河和加强顶层设计是辩证统一的，推进局部的阶段性改革开放要在加强顶层设计的前提下进行，加强顶层设计要在推进局部的阶段性改革开放的基础上来谋划。"[②] 在庆祝改革开放40周年大会上，习近平总书记指出："我们坚持加强党的领导和尊重人民首创精神相结合，坚持'摸着石头

---

① 《以更大魄力在更高起点上推进改革开放　在全面建设社会主义现代化国家新征程中走在全国前列创造新的辉煌》，《人民日报》2020年10月16日。

② 中共中央文献研究室编：《习近平关于全面深化改革论述摘编》，中央文献出版社2014年版，第35页。

过河'和顶层设计相结合，坚持问题导向和目标导向相统一，坚持试点先行和全面推进相促进，既鼓励大胆试、大胆闯，又坚持实事求是、善作善成，确保了改革开放行稳致远。"①在深圳经济特区建立40周年庆祝大会上，习近平总书记强调："必须以更大的政治勇气和智慧，坚持摸着石头过河和加强顶层设计相结合，不失时机、蹄疾步稳深化重要领域和关键环节改革，更加注重改革的系统性、整体性、协同性，提高改革综合效能。"②

"摸着石头过河"是富有中国特色、符合中国国情的改革方法，是马克思主义认识论和实践论在改革开放探索中的具体运用。改革开放初期，由于没有经验可参考，深圳等特区在敢闯敢试、敢为人先精神的激励下，尊重人民群众首创精神，以"摸着石头过河"的改革方法搞试点、摸规律，取得经验后再推广推开，为改革开放增添了新的活力动力。党的十八大召开后，习近平总书记首站到广东考察时就指出："对看得还不那么准、又必须取得突破的改革，可以先进行试点，摸着石头过河，尊重实践、尊重创造，鼓励大胆探索、勇于开拓，在实践中开创新路，取得经验后再推开。"③随后，在主持十八届中央政治局第二次集体学习时，他再次强调："摸着石头过河，符合人们对客观规律的认识过程，符合事物从量变到质变的辩证法。不能说改革开放初期要摸着石头过河，现在再摸着石头过河就不能提了。"④"当然，摸着石

---

① 习近平：《在庆祝改革开放40周年大会上的讲话》，人民出版社2018年版，第36页。

② 习近平：《在深圳经济特区建立40周年庆祝大会上的讲话》，人民出版社2020年版，第8页。

③ 中共中央文献研究室编：《习近平关于全面深化改革论述摘编》，中央文献出版社2014年版，第33页。

④ 中共中央文献研究室编：《习近平关于全面深化改革论述摘编》，中央文献出版社2014年版，第34—35页。

头过河也是有规则的，要按照已经认识到的规律来办，在实践中再加深对规律的认识，而不是脚踩西瓜皮，滑到哪里算哪里。"①

改革开放是一场伟大且深刻的社会革命，仅靠"摸着石头过河"是难以支撑伟大社会变革稳步、扎实、有序地推进并取得卓著成效的。改革开放以来，我国之所以能够取得举世瞩目的伟大成就，之所以能够取得经济快速发展、社会长期稳定的"两大成就"，归根结底在于有中国共产党的坚强领导，在于有中国共产党对改革开放事业的顶层设计、战略谋划与真抓实干。特别是党的十八大以来，在以习近平同志为核心的党中央坚强领导下，党和国家事业取得历史性成就、发生历史性变革，充分彰显了加强顶层设计、整体规划、宏观思考的极端重要性。2012年12月，习近平总书记在广东考察工作时指出："改革推进到现在，必须在深入调查研究的基础上提出全面深化改革的顶层设计和总体规划，提出改革的战略目标、战略重点、优先顺序、主攻方向、工作机制、推进方式，提出改革总体方案、路线图、时间表。"②2013年9月，在中共中央召开的党外人士座谈会上，习近平总书记强调："全面深化改革是一项复杂的系统工程，需要加强顶层设计和整体谋划，加强各项改革关联性、系统性、可行性研究。"③可见，不谋全局者，不足谋一域。在党的十八届三中全会第二次全体会议上，习近平总书记指出："在推进改革中，要坚持正确的思想方法，坚持辩证法，处理好解放思想和实事求是的关系、整体推进和重点突破的关系、全局和局部的关系、顶层设计和摸着石头过河的关系、胆子要大和步子要稳的

---

① 中共中央文献研究室编：《习近平关于全面深化改革论述摘编》，中央文献出版社2014年版，第43页。

② 中共中央文献研究室编：《习近平关于全面深化改革论述摘编》，中央文献出版社2014年版，第32页。

③ 中共中央文献研究室编：《习近平关于全面深化改革论述摘编》，中央文献出版社2014年版，第38页。

关系、改革发展稳定的关系，着力提高操作能力和执行力，确保党中央决策部署及时准确落实到位。"①

党的十八大以来，习近平总书记围绕新时代改革开放的内涵、条件、要求等发表了系列重要讲话，作出了系列重要指示批示，推动新时代改革开放走得更稳更远。2018年10月，习近平总书记在广东考察时强调："要掌握辩证唯物主义和历史唯物主义的方法论，以改革开放的眼光看待改革开放，充分认识新形势下改革开放的时代性、体系性、全局性问题，在更高起点、更高层次、更高目标上推进改革开放。"②同年12月18日，习近平总书记在庆祝改革开放40周年大会上发表讲话指出："我们既要敢为天下先、敢闯敢试，又要积极稳妥、蹄疾步稳，把改革发展稳定统一起来，坚持方向不变、道路不偏、力度不减，推动新时代改革开放走得更稳、走得更远。"③2019年5月21日，习近平总书记在推动中部地区崛起工作座谈会上明确强调："领导干部要胸怀两个大局，一个是中华民族伟大复兴的战略全局，一个是世界百年未有之大变局，这是我们谋划工作的基本出发点。"④习近平总书记主持起草的《中共中央关于制定国民经济和社会发展第十四个五年规划和二〇三五年远景目标的建议》指出："当前和今后一个时期，我国发展仍然处于重要战略机遇期，但机遇和挑战都有新的发展变化。"⑤规划建议把"坚持深化改革开放""改革开放迈出新步伐"依次作为"十四五"时期我

---

① 中共中央文献研究室编：《习近平关于全面深化改革论述摘编》，中央文献出版社2014年版，第47页。

② 《高举新时代改革开放旗帜　把改革开放不断推向深入》，《人民日报》2018年10月26日。

③ 《习近平谈治国理政》第3卷，外文出版社2020年版，第189页。

④ 《习近平谈治国理政》第3卷，外文出版社2020年版，第77页。

⑤ 《中共中央关于制定国民经济和社会发展第十四个五年规划和二〇三五年远景目标的建议》，人民出版社2020年版，第3页。

国经济社会发展必须遵循的原则和主要目标之一，在"十四五"时期经济社会发展指导思想提出"以改革创新为根本动力"，在重点任务中提出全面深化改革、实行高水平对外开放，等等。这些重要论述和重要指示批示精神，使新时代改革开放的内涵、条件、要求更加明晰和具体。

在党的二十大报告中，习近平总书记明确强调："我们必须坚持解放思想、实事求是、与时俱进、求真务实，一切从实际出发，着眼解决新时代改革开放和社会主义现代化建设的实际问题，不断回答中国之问、世界之问、人民之问、时代之问，作出符合中国实际和时代要求的正确回答，得出符合客观规律的科学认识，形成与时俱进的理论成果，更好指导中国实践。"[①]

习近平总书记强调："推进改革的目的是要不断推进我国社会主义制度自我完善和发展，赋予社会主义新的生机活力。这里面最核心的是坚持和改善党的领导、坚持和完善中国特色社会主义制度，偏离了这一条，那就南辕北辙了。"[②]新征程上，我们要以伟大自我革命引领伟大社会革命，就必须加强党对全面深化改革的集中统一领导，充分发挥党总揽全局、协调各方的领导核心作用，进一步把准政治方向、政治立场、政治定位、政治大局，坚持走中国特色社会主义道路不动摇，坚持社会主义基本制度不动摇，坚持党的全面领导不动摇，确保改革开放始终沿着正确道路前进。这是艰巨复杂的改革工作得以顺利推进的根本保证，是改革开放和社会主义现代化建设取得成功的根本保证。

---

① 习近平：《高举中国特色社会主义伟大旗帜　为全面建设社会主义现代化国家而团结奋斗——在中国共产党第二十次全国代表大会上的报告》，人民出版社2022年版，第17—18页。

② 中共中央文献研究室编：《习近平关于全面深化改革论述摘编》，中央文献出版社2014年版，第18页。

（二）全面建设社会主义现代化国家是一场伟大社会革命

2021年2月20日，在党史学习教育动员大会上的讲话中，习近平总书记指出："当前，同向社会主义现代化强国进军的伟大社会革命相比，党的自身建设上还存在一些不匹配、不适应的地方，一些弱化党的先进性、损害党的纯洁性的问题具有很大的危险性和破坏性，特别是党风廉政上的一些问题具有反复性和顽固性，稍不注意就会反弹回潮、前功尽弃。在全党开展党史学习教育，就是要教育引导全党在开启新征程的关键时刻，继续发扬彻底的革命精神，坚持全面从严治党永远在路上，保持'赶考'的清醒，以新时代党的自我革命引领新的伟大社会革命。"①

1921年，在中国人民和中华民族的伟大觉醒中，在马克思列宁主义同中国工人运动的紧密结合中，中国共产党应运而生。中国共产党自成立以来，就天然地承担起了实现民族独立、人民解放的历史重任。经过北伐战争、土地革命战争、抗日战争、解放战争，党紧紧依靠人民进行28年浴血奋战，打败日本帝国主义侵略者，推翻国民党反动统治，完成新民主主义革命，成立了中华人民共和国。中华人民共和国的成立，彻底结束了旧中国半殖民地半封建社会的历史，彻底结束了旧中国一盘散沙的局面，彻底废除了列强强加给中国的不平等条约和帝国主义在中国的一切特权，为实现中华民族伟大复兴创造了根本社会条件。中华民族的发展进步，从此开启了新的历史纪元。特别是在1945年，毛泽东在党的七大政治报告中明确指出："中国工人阶级的任务，不但是为着建立新民主主义的国家而斗争，而且是为着中国的工

---

① 习近平：《在党史学习教育动员大会上的讲话》，人民出版社2021年版，第10—11页。

业化和农业近代化而斗争。"①在党的七届二中全会上，毛泽东进一步提出由落后的农业国变成先进的工业国的奋斗目标。

新中国成立不久，我们党就把促进"农业和交通运输业的现代化""建立巩固的现代化国防"写入党在过渡时期总路线。1954年，周恩来在第一届全国人民代表大会上，首次提出包括现代化的工业、农业、交通运输业和国防在内的四个现代化目标。1956年，党的八大将这一任务写入了大会通过的党章。1964年，周恩来在第三届全国人民代表大会上，提出"在不太长的历史时期内，把我国建设成为一个具有现代农业、现代工业、现代国防和现代科学技术的社会主义强国"②。1975年，周恩来在第四届全国人民代表大会上重申了分两步走、全面实现四个现代化的战略安排。

1978年，党的十一届三中全会果断把党和国家工作中心转移到经济建设上来，实行改革开放、建设社会主义现代化，实现了我们党伟大的历史性转折。邓小平强调："我们从八十年代的第一年开始，就必须一天也不耽误，专心致志地、聚精会神地搞四个现代化建设。"强调"我们党在现阶段的政治路线，概括地说，就是一心一意地搞四个现代化。这件事情，任何时候都不要受干扰，必须坚定不移地、一心一意地干下去。"③从那以后，我们党在每次全国代表大会上，都从不同角度和不同侧重点，聚焦和强调社会主义现代化建设问题。党的十二大强调全面开创社会主义现代化建设新局面。党的十三大把建设社会主义现代化国家纳入党在社会主义初级阶段基本路线。党的十四大明确提出，要加快改革开放和现代化建设，并确立了社会主义市场经济体

---

① 《毛泽东选集》第3卷，人民出版社1991年版，第1081页。
② 中共中央文献研究室编：《建国以来重要文献选编》第20册，中央文献出版社1998年版，第438—439页。
③ 《邓小平文选》第2卷，人民出版社1994年版，第241、276页。

制的改革目标。党的十五大强调，改革开放这场新的伟大革命，为社会主义现代化建设创造了良好的体制条件。党的十六大强调，进入全面建设小康社会、加快推进社会主义现代化的新的发展阶段，我们党的庄严使命就是要实现包括推进现代化建设在内的三大历史任务，在中国特色社会主义道路上实现中华民族的伟大复兴。党的十七大强调，继续全面建设小康社会、加快推进社会主义现代化，完成时代赋予的崇高使命。党的十八大强调，建设中国特色社会主义，总任务是实现社会主义现代化和中华民族伟大复兴，并提出"两个一百年"奋斗目标。由此可见，改革开放以来党的历次全国代表大会，都强调社会主义现代化建设，一以贯之地推进建设社会主义现代化国家的历史进程。

党的十八大以来，党和国家事业取得历史性成就、发生历史性变革，中国特色社会主义进入新时代。党的十九大提出："从十九大到二十大，是'两个一百年'奋斗目标的历史交汇期。我们既要全面建成小康社会、实现第一个百年奋斗目标，又要乘势而上开启全面建设社会主义现代化国家新征程，向第二个百年奋斗目标进军。"[1]这个战略安排，吹响了新时代全面建设社会主义现代化、实现中华民族伟大复兴新的进军号。党的二十大进一步谋划全面建设社会主义现代化国家的一系列重大部署，强调指出："从现在起，中国共产党的中心任务就是团结带领全国各族人民全面建成社会主义现代化强国、实现第二个百年奋斗目标，以中国式现代化全面推进中华民族伟大复兴。"[2]

全面建设社会主义现代化国家，是一项伟大而艰巨的事业，前途

---

① 习近平：《决胜全面建成小康社会 夺取新时代中国特色社会主义伟大胜利——在中国共产党第十九次全国代表大会上的报告》，人民出版社2017年版，第28页。

② 习近平：《高举中国特色社会主义伟大旗帜 为全面建设社会主义现代化国家而团结奋斗——在中国共产党第二十次全国代表大会上的报告》，人民出版社2022年版，第21页。

光明，任重道远。当前，世界百年未有之大变局加速演进，新一轮科技革命和产业变革深入发展，国际力量对比深刻调整，我国发展面临新的战略机遇。同时，逆全球化思潮抬头，单边主义、保护主义明显上升，世界经济复苏乏力，局部冲突和动荡频发，全球性问题加剧，世界进入新的动荡变革期。我国改革发展稳定面临不少深层次矛盾躲不开、绕不过，党的建设特别是党风廉政建设和反腐败斗争面临不少顽固性、多发性问题，来自外部的打压遏制随时可能升级。

来而不可失者，时也；蹈而不可失者，机也。在迈上全面建设社会主义现代化国家新征程、向第二个百年奋斗目标进军的关键时刻，中华民族现代化征程迎来了千载难逢的发展机遇。习近平总书记指出："当前，我国正处于一个大有可为的历史机遇期，发展形势总的是好的，但前进道路不可能一帆风顺，越是取得成绩的时候，越是要有如履薄冰的谨慎，越是要有居安思危的忧患，绝不能犯战略性、颠覆性错误。"[1]这是习近平总书记纵观过去、当下与未来的历史演进，通览国家、政党、民族的沉浮兴衰，作出的重大战略判断，彰显着当代中国共产党人洞察历史的睿智、创造历史的担当。新征程上，我们要以伟大自我革命引领伟大社会革命，就必须紧紧抓住大有可为的历史机遇期，勇于继续进行具有许多新的历史特点的伟大斗争，准备战胜一切艰难险阻，朝着我们党确立的伟大目标奋勇前进。

（三）新时代坚持和发展中国特色社会主义是一场伟大社会革命

2018年12月，在十九届中央政治局民主生活会上的讲话中，习近平总书记指出："新时代坚持和发展中国特色社会主义是一场伟大社会革命，要求我们必须时刻进行具有许多新的历史特点的伟大斗争，

---

① 中共中央党史和文献研究院编：《习近平关于中国特色大国外交论述摘编》，中央文献出版社2020年版，第262页。

必须让我们的干部特别是领导干部经风雨、见世面、长才干、壮筋骨，保持斗争精神、增强斗争本领。要培养斗争精神，始终保持共产党人敢于斗争的风骨、气节、操守、胆魄。要增强斗争本领，科学预见形势发展的未来走势、蕴藏其中的机遇和挑战、有利因素和不利因素，透过现象看本质，抓好战略谋划，牢牢掌握斗争主动权。要有组织、有计划地把干部放到重大斗争一线去真枪真刀磨砺，强弱项、补短板，学真本领，练真功夫。"①

2021年11月11日，在党的十九届六中全会第二次全体会议上的讲话中，习近平总书记进一步强调："历史发展是连续性和阶段性的统一，一个时期有一个时期的历史使命和任务，一代人有一代人的历史担当和责任。党的十八大以来，我们清醒认识到，新时代坚持和发展中国特色社会主义是一场艰巨而伟大的社会革命，各种敌对势力绝不会让我们顺顺利利实现中华民族伟大复兴。基于此，我向全党反复强调，必须进行具有许多新的历史特点的伟大斗争，必须准备付出更为艰巨、更为艰苦的努力，必须高度重视和切实防范化解各种重大风险。"②

建设中国特色社会主义，是我们党总结长期历史经验所得出的基本结论。2018年1月5日，习近平总书记在新进中央委员会的委员、候补委员和省部级主要领导干部学习贯彻习近平新时代中国特色社会主义思想和党的十九大精神研讨班上的讲话中指出："中国特色社会主义不是从天上掉下来的，而是在改革开放40年的伟大实践中得来的，是在中华人民共和国成立近70年的持续探索中得来的，是在我们党领导人民进行伟大社会革命97年的实践中得来的，是在近代以来中华民族

---

① 中共中央党史和文献研究院编：《习近平关于防范风险挑战、应对突发事件论述摘编》，中央文献出版社2020年版，第216页。

② 《习近平谈治国理政》第4卷，外文出版社2022年版，第82—83页。

由衰到盛170多年的历史进程中得来的，是对中华文明5000多年的传承发展中得来的，是党和人民历经千辛万苦、付出各种代价取得的宝贵成果。得到这个成果极不容易。"①

马克思、恩格斯在《共产党宣言》中揭示了资产阶级必然灭亡、无产阶级必然胜利的"两个必然"的客观规律，这也是资本主义社会必然为社会主义社会所代替的必然的人类社会发展客观规律。但是，这是一个较为漫长的历史进程，实现共产主义的必然性与社会主义的长期性、曲折性，都是客观存在的。这是因为，1917年十月革命以来所诞生的社会主义国家基本上是在经济文化比较落后的国度建立起来的，而要彻底改变经济文化的落后状况，需要一个长期的发展过程。在前进过程中也将会遇到许多难以想象的困难与风险。社会主义是一种崭新的社会制度，没有现成的经验可以借鉴，也没有一成不变的模式可以遵循，对于社会主义的理论创新和实践探索，是一个反复实践和反复认识的过程，社会主义的巩固和发展，需要几代人、十几代人甚至几十代人的不懈努力。与此同时，从人类社会发展历史进程来看，任何一种新的社会制度代替旧的社会制度，都需要一个艰难曲折的过程，才能最终取得胜利，有时甚至会出现倒退和逆转。

以毛泽东同志为主要代表的中国共产党人对社会主义建设的道路进行了艰辛探索。然而，由于缺乏社会主义建设的经验，由于受苏联高度集中统一的计划经济模式的影响，由于受尽快摆脱我国贫穷落后面貌的急迫心情的驱使，加之我国当时的相关制度不健全不完备，因而在社会主义建设道路的探索过程中出现了曲折。

党的十一届三中全会以来，我们党认真总结和反思了社会主义建

---

① 《习近平谈治国理政》第3卷，外文出版社2020年版，第70页。

设的正反两方面经验，以解放思想、实事求是的精神，紧紧围绕什么是社会主义、怎样建设社会主义这个根本问题，大胆实践，积极探索，把马克思主义基本原理同中国具体实际结合起来，第一次比较系统地初步回答了在中国这样的经济文化比较落后的国家如何建设社会主义、巩固社会主义和发展社会主义的一系列问题，开辟了中国特色社会主义建设的崭新道路。中国特色社会主义道路，使社会主义在中国焕发出了蓬勃生机和旺盛活力。

建设中国特色社会主义，把我国建设成为富强、民主、文明、和谐、美丽的社会主义现代化强国，是我们党在现阶段的奋斗目标和行动纲领，也是全国各族人民在社会主义初级阶段的共同理想。这个共同理想，立足于我国现实，高于现实，符合社会主义发展的客观规律。共产主义理想是共产党人的前进动力和精神支柱。邓小平指出："我们多年奋斗就是为了共产主义，我们的信念理想就是要搞共产主义。在我们最困难的时期，共产主义的理想是我们的精神支柱，多少人牺牲就是为了实现这个理想。"[①]共产主义理想的实现又是一个长期的革命和建设过程，其中要经历若干不同的发展阶段。在新民主主义革命时期，毛泽东就讲过："民主主义革命是社会主义革命的必要准备，社会主义革命是民主主义革命的必然趋势。而一切共产主义者的最后目的，则是在于力争社会主义社会和共产主义社会的最后的完成。"[②]

中国特色社会主义共同理想是共产主义远大理想在现阶段的中国的奋斗目标。在现阶段，我国建设中国特色社会主义，是全党全国各族人民的共同理想，这个共同理想就是实现最高理想的必经阶段，为建设中国特色社会主义而奋斗，也就是为共产主义的最高理想而奋斗。

---

① 《邓小平文选》第3卷，人民出版社1993年版，第137页。
② 《毛泽东选集》第2卷，人民出版社1991年版，第651—652页。

我们现在的一切努力是朝着最终实现共产主义的最高纲领前进的，忘记远大目标，不是合格的共产党员；但同时，不为实现党在社会主义初级阶段的纲领而努力奋斗，同样不是合格的共产党员。如果放弃现实的奋斗目标，就会把共产主义变成一句空话；而如果忘记了共产主义的远大目标，现实的奋斗目标就会失去正确方向。邓小平指出："社会主义本身是共产主义的初级阶段，而我们中国又处在社会主义的初级阶段，就是不发达的阶段。"[①]所谓社会主义初级阶段，实质上就是共产主义初级阶段的初级阶段。虽然它还残存着某些剥削阶级社会的痕迹，但已经与剥削阶级社会在本质上划清了界限；虽然它所实行的公有制为主体、多种所有制经济共同发展，按劳分配为主体、多种分配方式并存，社会主义市场经济体制等基本经济制度，与共产主义高级阶段还有很大差距，但在本质上又有诸多共同点。社会主义初级阶段虽然与共产主义高级阶段存在着差别，但这种差别是属于同一社会形态发展程度高低的差别。我们立足现实努力奋斗，创造条件，最终是为了发展到共产主义的高级阶段。

邓小平指出："封建社会代替奴隶社会，资本主义代替封建主义，社会主义经历一个长过程发展后必然代替资本主义。这是社会历史发展不可逆转的总趋势，但道路是曲折的。"[②]就资本主义制度代替封建制度来说，如果从资本主义在欧洲的最初萌芽算起，到资产阶级的经济政治制度确立为止，前后经历了四五百年的漫长岁月，其间发生过许多惊心动魄的拼死斗争，交织着进步和反动、共和和帝制、革命恐怖和反革命恐怖、内战和外战、征服外国和投降外国的历史事变，呈现出了极其曲折复杂的现象。资本主义社会代替封建社会，是以一种私

---

① 《邓小平文选》第3卷，人民出版社1993年版，第252页。
② 《邓小平文选》第3卷，人民出版社1993年版，第382—383页。

有制代替另一种私有制，一种剥削制度代替另一种剥削制度，尚且充满着曲折和反复，社会主义代替资本主义是以公有制代替私有制，最终消灭剥削制度，是人类历史上从未有过的最深刻的社会变革，所需要的时间必然会更长，出现挫折和失误也就在所难免。为此，邓小平指出："从一定意义上说，某种暂时复辟也是难以完全避免的规律性现象。一些国家出现严重曲折，社会主义好像被削弱了，但人民经受锻炼，从中吸取教训，将促使社会主义向着更加健康的方向发展。"①苏联解体和东欧剧变，是社会主义在前进过程中出现的重大曲折和逆转。我们既要正视这种曲折和反复，认真总结历史经验，又要看到这种倒退和逆转的暂时性，坚信社会主义必然要代替资本主义，共产主义一定要实现。社会主义还是一个异常艰难的过程。我们在经济文化比较落后的国家建设社会主义，要在同发达的资本主义国家的竞争中体现出社会主义的优越性，要获得与资本主义相比较的优势，要赶上和超过发达的资本主义国家，需要一个艰苦卓绝的奋斗过程。我们只有将社会主义的必然性和长期性曲折性结合起来，才能使认识符合历史的辩证法；才能有足够的精神准备战胜一切压力和困难，不论遇到什么样的挫折和反复，都不会动摇社会主义、共产主义必胜的信念。

党的十八大以来，面对世界经济复苏乏力、局部冲突和动荡频发、全球性问题加剧的外部环境，面对我国经济发展进入新常态等一系列深刻变化，我们党以巨大的政治勇气和强烈的责任担当，提出一系列新理念新思想新战略，出台一系列重大方针政策，推出一系列重大举措，推进一系列重大工作，解决了许多长期想解决而没有解决的难题，办成了许多过去想办而没有办成的大事，推动党和国家事业发生历史

---

① 《邓小平文选》第3卷，人民出版社1993年版，第383页。

性变革。特别是在党的十九大报告中，习近平总书记指出："经过长期努力，中国特色社会主义进入新时代，这是我国发展新的历史方位。"① 可以说，中国特色社会主义，承载着几代中国共产党人的理想和探索，寄托着无数仁人志士的夙愿和期盼，凝聚着亿万人民的奋斗和牺牲，是近代以来中国社会发展的必然选择，是发展中国、稳定中国的必由之路。实践充分证明，中国特色社会主义是中国共产党和中国人民团结的旗帜、奋进的旗帜、胜利的旗帜。我们要始终高举中国特色社会主义伟大旗帜，在新时代坚定不移坚持和发展中国特色社会主义。

社会主义从来都是在奋勇开拓中前进的，社会革命从来都是在伟大斗争中推进的。习近平总书记强调："新时代中国特色社会主义是我们党领导人民进行伟大社会革命的成果，也是我们党领导人民进行伟大社会革命的继续，必须一以贯之进行下去。"② 新征程上，我们要以伟大自我革命引领伟大社会革命，就必须永远保持过去革命战争时期的那么一股劲、那么一股革命热情、那么一种拼命精神，紧跟时代步伐，决不能因为胜利而骄傲，决不能因为成就而懈怠，决不能因为困难而退缩，勇于改革创新，勇于迎难而上，勇于担当尽责，勇于自我革命，敢于斗争、善于斗争，把新时代中国特色社会主义一以贯之进行下去。

三、开新局于伟大的社会革命，强体魄于伟大的自我革命

习近平总书记指出："我们党之所以伟大，不在于不犯错误，而在于从不讳疾忌医，敢于直面问题，勇于自我革命。"③ 新征程上，我

① 习近平：《决胜全面建成小康社会 夺取新时代中国特色社会主义伟大胜利——在中国共产党第十九次全国代表大会上的报告》，人民出版社2017年版，第10页。
② 《习近平谈治国理政》第3卷，外文出版社2020年版，第69—70页。
③ 《习近平谈治国理政》第4卷，外文出版社2022年版，第542页。

们要以伟大自我革命引领伟大社会革命，就必须确保党在新时代伟大社会革命中始终成为坚强领导核心，就必须落实新时代党的建设总要求，坚持问题导向，正视党内存在的突出问题，健全全面从严治党体系，刀刃向内、真刀真枪解决好党内存在的违背初心和使命的各类问题，清除掉损害党的肌体健康的病毒，全面推进党的自我净化、自我完善、自我革新、自我提高，推动全面从严治党向纵深发展，把党的伟大自我革命进行到底，使我们党始终成为中国特色社会主义事业的坚强领导核心。

新征程上，我们要开新局于伟大的社会革命、强体魄于伟大的自我革命，就必须坚持和加强党的全面领导，坚持党要管党、全面从严治党。坚持和加强党的全面领导，是对我们党建党以来加强党的建设历史经验的深刻总结，也是对党的十八大以来党的建设经验的深刻总结。只有从根本上坚持和加强党的全面领导，才能为执好政、掌好权奠定基础，才能完成新时代艰巨的历史使命，确保党始终成为坚强的领导核心，在中国特色社会主义新时代，使我们党永远立于不败之地。尤其必须深刻领悟"两个确立"的决定性意义，增强"四个意识"、坚定"四个自信"、做到"两个维护"，坚决维护习近平总书记党中央的核心、全党的核心地位，坚决维护以习近平同志为核心的党中央权威和集中统一领导，全面贯彻习近平新时代中国特色社会主义思想，坚定不移在思想上政治上行动上同以习近平同志为核心的党中央保持高度一致，更加积极地奋进新征程、建功新时代。

新征程上，我们要开新局于伟大的社会革命、强体魄于伟大的自我革命，就必须正视党内存在的思想不纯、政治不纯、组织不纯、作风不纯等突出问题。我们党是伟大、光荣、正确的党，是善于发现错误、勇于纠正错误的党，对党自身存在的问题也从不隐瞒。我们党面临的执政环境是复杂的，党内存在着思想不纯、组织不纯、作风不纯等突出问题，这是我们党必须面对且不能有任何逃避的问题，这些问题影响着党的先进性和纯洁性，在中国特色社会主义伟大事业的发展过程中亟待解决。因此，对党内存在的思想不纯、政治不纯、组织不纯、作风不纯等突出问题，绝不能消极应对，更不能逃避，必须清醒地认识和了解这些问题的成因和危害，并下大决心解决。在实践中，要真正抓好思想政治建设，坚持"革命理想高于天"，教育引导党员干部筑牢思想防线，点亮党员干部心中的明灯，保持蓬勃朝气、昂扬锐气、浩然正气。为实现党和国家兴旺发达、长治久安，为实现中华民族伟大复兴的中国梦，全党同志必须保持革命精神、革命斗志，将我们党领导人民进行了100多年的伟大社会革命勇于继续推进下去，赢得最广大人民群众的支持拥护。

新征程上，我们要开新局于伟大的社会革命、强体魄于伟大的自我革命，就必须坚决贯彻新时代党的建设的总要求和新时代党的建设的组织路线。党的建设会随着党肩负的历史使命和自身存在的问题而有所侧重，针对新时代党存在的问题，党的十九大对党的建设提出了总要求，为新时代推进党的建设新的伟大工程指明了方向。党的二十大继续强调："我们要落实新时代党的建设总要求，健全全面从严治党体系，全面推进党的自我净化、自我完善、自我革新、自我提高，使我们党坚守初心使命，始终成为中国特色社会主义事业的坚强领导核心。"[①]新时代党的建设总要求所蕴含的目的、方针、主线、布局、目标，构成了新时代党的建设科学有机的整体。新时代党的建设总要求，

---

① 习近平：《高举中国特色社会主义伟大旗帜　为全面建设社会主义现代化国家而团结奋斗——在中国共产党第二十次全国代表大会上的报告》，人民出版社2022年版，第64页。

是把党建问题与时代和社会历史条件联系起来考察，回答与解决继续坚持和发展好新时代中国特色社会主义事业，需要一个什么样的党、怎么建设好党的问题以及如何长期管好治好党，使党始终成为坚强领导核心的重大课题，彰显出鲜明的时代特点，具有丰富的内涵，我们要牢牢把握，坚持协调推进、统筹推进、一体推进。同时，要贯彻好新时代党的组织路线，为坚持和加强党的全面领导、坚持和发展中国特色社会主义提供坚强组织保证，为推进党的建设新的伟大工程增添动力。

新征程上，我们要开新局于伟大的社会革命、强体魄于伟大的自我革命，就必须发扬自我革命精神。党从来没有也不追求个人的或小团体的利益，能够做到为了人民坚持对的，为了人民改正错的。党的二十大强调："党面临的执政考验、改革开放考验、市场经济考验、外部环境考验将长期存在，精神懈怠危险、能力不足危险、脱离群众危险、消极腐败危险将长期存在。"①必须清醒看到，我们的工作还存在一些不足，面临不少困难和问题，包括一些党员干部缺乏担当精神，斗争本领不强，实干精神不足，形式主义、官僚主义现象仍较突出，铲除腐败滋生土壤任务依然艰巨，等等。因此，要发扬自我革命精神，不断增强党的政治领导力、思想引领力、群众组织力、社会号召力，把党建设得更加坚强有力，确保党始终成为中国特色社会主义事业的坚强领导核心。

---

① 习近平：《高举中国特色社会主义伟大旗帜 为全面建设社会主义现代化国家而团结奋斗——在中国共产党第二十次全国代表大会上的报告》，人民出版社2022年版，第64页。

第三章

以习近平新时代中国特色社会主义思想
为根本遵循

马克思主义是指导我们改造客观世界和主观世界的锐利思想武器，拥有马克思主义科学理论指导是我们党坚定信仰信念、把握历史主动的根本所在。在党的奋斗历程中，我们党不断推进马克思主义中国化时代化，先后形成了毛泽东思想、邓小平理论、"三个代表"重要思想、科学发展观等指导思想，为推进伟大社会革命和党的自我革命提供了强大思想武器。进入新时代，以习近平同志为核心的党中央从理论和实践结合上系统回答了建设什么样的长期执政的马克思主义政党、怎样建设长期执政的马克思主义政党等重大时代课题，深化对马克思主义政党建设规律、共产党执政规律等的认识，创立了习近平新时代中国特色社会主义思想，为推进新时代新征程党的自我革命和伟大社会革命提供了行动指南和根本遵循。

一、深刻把握以习近平新时代中国特色社会主义思想为根本遵循的内在逻辑

新时代推进党的自我革命和伟大社会革命，必须坚持以习近平新时代中国特色社会主义思想为根本遵循，这是有深层的理论逻辑、历

史逻辑和现实逻辑的。习近平总书记明确指出："马克思主义政党的先进性，首先体现为思想理论上的先进性。"①"党内存在的一些突出问题，从根源上说都是思想上的问题。"②实践反复证明，马克思主义政党的每一次前进、胜利和飞跃，都得益于全党思想理论水平的率先提高，都得益于及时化解党内出现的各种思想根子问题。

第一，从理论逻辑看，坚持科学理论指导是马克思主义建党学说的基本原则。坚持科学理论指导是马克思主义政党的突出优势，也是马克思主义政党区别于其他政党的一个显著特征。马克思主义经典作家在阐述马克思主义建党学说基本原则的时候，都把坚持科学理论指导摆在政党建设的显要位置，强调"国际的历史就是总委员会对那些力图在国际内部巩固起来以抗拒真正工人阶级运动的各个宗派和各种浅薄尝试所进行的不断的斗争"③。

马克思、恩格斯无论在改组共产主义同盟，还是在成立国际工人协会，抑或是在指导民族国家建立无产阶级政党的过程中，都非常注重无产阶级政治组织的思想理论建设问题，强调"如果其他阶级出身的这种人参加无产阶级运动，那么首先就要求他们不要把资产阶级、小资产阶级等等的偏见的任何残余带进来，而要无条件地掌握无产阶级世界观"④。为了指导革命运动，马克思、恩格斯创立了具有科学性、先进性、人民性、革命性等特点的科学理论体系——马克思主义，为无产阶级革命斗争提供了科学的世界观和方法论并指引无产阶级政党夺取革命斗争的最终胜利。在伟大的革命实践中，马克思、恩格斯还坚

---

① 中共中央党史和文献研究院编：《习近平关于全面从严治党论述摘编（2021年版）》，中央文献出版社2021年版，第214页。
② 《习近平谈治国理政》第3卷，外文出版社2020年版，第526页。
③ 《马克思恩格斯选集》第4卷，人民出版社2012年版，第496页。
④ 《马克思恩格斯选集》第3卷，人民出版社2012年版，第739页。

决地、毫不留情地同弱化影响党的思想理论的纯洁性和先进性的形形色色的非马克思主义进行了激烈斗争，战胜了蒲鲁东主义、拉萨尔主义、英国工联主义和巴枯宁无政府主义等机会主义流派，巩固了无产阶级政党的思想阵地。

列宁在领导俄国社会主义革命过程中，同第二国际的伯恩施坦主义、考茨基主义，又同俄国党内的经济派、孟什维克和托洛茨基主义等也进行了坚决的斗争，并总结经验指出，"只有革命马克思主义的理论，才能成为工人阶级运动的旗帜"，"只有以先进理论为指南的党，才能实现先进战士的作用"[①]。但极为可惜的是，列宁的继任者们并没有很好地继承发展马克思主义建党学说基本原则，致使苏联共产党偌大一个党最后却作"鸟兽散"了，苏联偌大一个社会主义国家最后却"分崩离析"了，其最深刻的教训和原因就是——"思想搞乱了"[②]。习近平总书记曾经总结苏共亡党亡国教训时指出："一些苏共党员甚至领导层成员成了否定苏共历史、否定社会主义的急先锋，成了传播西方意识形态的大喇叭，苏共党内从思想混乱演变到组织混乱。最后，这样一个有着九十多年历史、连续执政七十多年的大党老党就哗啦啦轰然倒塌了。"[③]苏共的教训极为深刻，是新时代我们党坚持科学理论指导、加强党的思想理论建设的"警世钟""猛回头"。

第二，从历史逻辑看，坚持科学理论指引是中国共产党建党兴党强党的经验启示。中国共产党从创建之日就得到列宁领导的共产国际指导和帮助，不仅毫不动摇地贯彻马克思主义建党学说基本原则，而且继承并发展了马克思主义经典作家关于思想理论建设的精髓要义，

---

① 《列宁选集》第1卷，人民出版社2012年版，第271、312页。
② 《习近平著作选读》第1卷，人民出版社2023年版，第79页。
③ 《十八大以来重要文献选编》（上），中央文献出版社2014年版，第134页。

既重视理论武装、解决党内存在的思想根子问题，又善于推进理论创新、形成了与时俱进的中国化时代化的马克思主义理论体系，为完成各阶段各时期党的使命任务提供了克敌制胜的理论伟力和思想武器。

中国曾经是一个经济文化较为落后的国家，农民和小资产阶级占总人口的绝大多数，这样的国情和阶级状况决定了以工人阶级为基础的中国共产党的建设不可避免会受到来自各种非无产阶级思想的影响。建党初期，我们党就高度重视党员队伍的思想建设，要求申请入党者"在加入我们队伍之前，必须与企图反对本党纲领的党派和集团断绝一切联系"①。这里的"联系"除了组织物质上的联系，还包括了思想意识上的联系。但是，即便如此，"我们有许多同志还不大清楚无产阶级和小资产阶级的区别。有许多党员，在组织上入了党，思想上并没有完全入党，甚至完全没有入党"②。可以说，着重从思想上建设党，用科学理论武装头脑，克服党内各种错误倾向，不断地以无产阶级思想克服各种非无产阶级思想，成为我们党自那时起加强自身建设的当务之急。

在古田会议上，毛泽东分析了党内存在的各种非无产阶级思想的来源、表现，初步回答了以农民出身为主体、在长期农村环境中，如何着重从思想上建设党以保持无产阶级政党先锋队性质的问题。延安时期，中国共产党进行了深刻的马克思主义思想教育的整风运动，进一步阐述了思想建党的重要性，加强了党的思想理论教育，成为党的历史上思想建党的创造性、示范性实践。特别是在党的七大上，毛泽东在《论联合政府》政治报告中深刻指出："掌握思想教育，是团

---

① 中共中央党史和文献研究院、中央档案馆编：《中国共产党重要文献汇编》第1卷，人民出版社2022年版，第1—2页。
② 《毛泽东选集》第3卷，人民出版社1991年版，第875页。

结全党进行伟大政治斗争的中心环节。如果这个任务不解决，党的一切政治任务是不能完成的。"①在党的七大上的口头政治报告中，他又掷地有声地强调："共产党里当然还有别的成分，有别的阶级如农民、小资产阶级出身的人，有别的阶级出身的知识分子。但出身是一回事，进党又是一回事，出身是非无产阶级，进党后是无产阶级，他的思想、他的行为要变成无产阶级的。"②可以说，坚持科学理论指引，坚持思想建党，肃清非无产阶级思想在党内的流毒，是毛泽东建党学说的重大原创性理论之一。

改革开放以来，为抵御西方资产阶级自由化思潮和市场交易原则对党员干部思想意识的冲击，防范封建腐朽落后思想的沉渣泛起，在党的建设总体布局的不断演进和充实、调整、完善中，我们党一直把思想理论建设置于极为关键的位置，多数时候置于首要的"根本"位置，并且有的时候将"思想"与"政治"合并在一起提了出来。邓小平在党的十二大开幕词中就明确强调："我们保持清醒的头脑，坚决抵制外来腐朽思想的侵蚀，决不允许资产阶级生活方式在我国泛滥。"③党的十三大报告强调："解决党内思想不纯、组织不纯、作风不纯的问题，是一项长期的经常工作，不可能靠一段时间的整顿解决所有的问题。"④党的十四大报告指出："改革和建设的顺利进行，需要强有力的思想和政治保证。"⑤党的十五大报告提出"充分发挥党的思想政治优势"⑥，党的十六大报告强调"必须把党的思想理论建设摆在更加突出的位置"⑦，

---

① 《毛泽东选集》第3卷，人民出版社1991年版，第1094页。
② 《毛泽东文集》第3卷，人民出版社1996年版，第305页。
③ 《十二大以来重要文献选编》（上），人民出版社1986年版，第3页。
④ 《十三大以来重要文献选编》（上），人民出版社1991年版，第52页。
⑤ 《十四大以来重要文献选编》（上），人民出版社1996年版，第7页。
⑥ 《十五大以来重要文献选编》（上），人民出版社2000年版，第46页。
⑦ 《十六大以来重要文献选编》（上），中央文献出版社2005年版，第38页。

党的十七大报告提出"思想理论建设是党的根本建设"①，党的十八大报告强调"要抓好思想理论建设这个根本"②。由此可见，坚持科学理论指引，加强党内思想理论建设，在党的建设这项伟大工程中，具有不可替代的重要地位和价值作用，是中国共产党建党兴党强党的重要经验启示。

第三，从现实逻辑看，坚持科学理论遵循是解决党内突出问题的迫切需要。习近平总书记深刻指出："加强思想教育和理论武装，是党内政治生活的首要任务，是保证全党步调一致的前提。"③新时代新征程，我们党肩负着以中国式现代化全面推进中华民族伟大复兴的新的使命任务，但党的思想理论建设方面仍存在一些突出问题，严重影响党的团结力向心力，极大弱化党的凝聚力战斗力。

针对党内思想统一存在的问题，习近平总书记指出："社会多样化发展使人们思想多元化、复杂性的特征越来越明显，这必然增加党内统一思想的难度，我们党是一个大党，统一思想历来不易。"④针对党内理论武装存在的问题，习近平总书记在学习贯彻习近平新时代中国特色社会主义思想主题教育工作会议上列举了诸如形式主义、浅尝辄止、动力不足、学用脱节、知其然不知其所以然、不善于把学习成果转化为干事创业的实际本领等问题，强调全党在"理论武装的任务仍然艰巨"⑤。习近平总书记掷地有声地指出："历史和现实表明，理论学习不深入不彻底，思想统一就没有基础，党的团结统一就会受到严重

---

① 《十七大以来重要文献选编》（上），中央文献出版社2009年版，第38页。
② 《十八大以来重要文献选编》（上），中央文献出版社2014年版，第39页。
③ 《习近平著作选读》第1卷，人民出版社2023年版，第523页。
④ 中共中央文献研究室编：《习近平关于全面从严治党论述摘编》，中央文献出版社2016年版，第7页。
⑤ 习近平：《在学习贯彻习近平新时代中国特色社会主义思想主题教育工作会议上的讲话》，人民出版社2023年版，第3页。

影响。"①

特别是党的十八大以来，中国特色社会主义进入新时代，习近平总书记基于新时代党内存在的新问题、全面从严治党取得的新成就、马克思主义政党的本质属性等进行了深远谋划和科学考量，党的十九大报告首次将党的政治建设作为"党的根本性建设"，将思想建设作为"党的基础性建设"②并明确提出了新时代党的建设总要求，充实完善了党的建设总体布局，这是习近平总书记关于党的建设重要思想的重大原创性贡献之一，彰显了我们党对建党兴党强党的规律性认识达到了一个新的更高高度。

新时代新征程，面对艰巨繁重的改革发展任务、波谲云诡的国际形势和前所未有的风险挑战，我们党必须要坚持以习近平新时代中国特色社会主义思想为根本遵循，才能破解大党独有难题，及时解决党内存在的突出问题尤其是思想理论问题，才能以伟大的自我革命引领伟大的社会革命，走好新时代"赶考"之路。

二、全面系统学习领会习近平新时代中国特色社会主义思想的科学体系与核心要义

马克思主义是我们立党立国、兴党兴国的根本指导思想。推进马克思主义中国化时代化是一个追求真理、揭示真理、笃行真理的过程。实践告诉我们，中国共产党为什么能，中国特色社会主义为什么好，归根到底是马克思主义行，是中国化时代化的马克思主义行。

---

① 习近平：《在学习贯彻习近平新时代中国特色社会主义思想主题教育工作会议上的讲话》，人民出版社2023年版，第4页。

② 习近平：《决胜全面建成小康社会　夺取新时代中国特色社会主义伟大胜利——在中国共产党第十九次全国代表大会上的报告》，人民出版社2017年版，第62、63页。

党的十八大以来，中国特色社会主义进入新时代，以习近平同志为主要代表的中国共产党人，坚持把马克思主义基本原理同中国具体实际相结合、同中华优秀传统文化相结合，坚持毛泽东思想、邓小平理论、"三个代表"重要思想、科学发展观，深刻总结并充分运用党成立以来的历史经验，从新的实际出发，对关系新时代党和国家事业发展的一系列重大理论和实践问题进行了深邃思考和科学判断，就新时代坚持和发展什么样的中国特色社会主义、怎样坚持和发展中国特色社会主义，建设什么样的社会主义现代化强国、怎样建设社会主义现代化强国，建设什么样的长期执政的马克思主义政党、怎样建设长期执政的马克思主义政党等重大时代课题，提出一系列原创性的治国理政新理念新思想新战略，创立了习近平新时代中国特色社会主义思想。

习近平新时代中国特色社会主义思想是当代中国马克思主义、21世纪马克思主义，是中华文化和中国精神的时代精华，实现了马克思主义中国化新的飞跃。这一思想根据新的实践对经济、政治、法治、科技、文化、教育、民生、民族、宗教、社会、生态文明、国家安全、国防和军队、"一国两制"和祖国统一、统一战线、外交、党的建设等各方面作出理论概括和战略指引，其主要内容就是党的十九大、十九届六中全会提出的"十个明确""十四个坚持""十三个方面成就"，必须长期坚持并不断丰富发展。

与此同时，实践没有止境，理论创新也没有止境。不断谱写马克思主义中国化时代化新篇章，是当代中国共产党人的庄严历史责任。继续推进实践基础上的理论创新，首先还要把握好习近平新时代中国特色社会主义思想的世界观和方法论，坚持好、运用好贯穿其中的立场观点方法。这就是"六个必须坚持"，即必须坚持人民至上、必须坚持自信自立、必须坚持守正创新、必须坚持问题导向、必须坚持系统观念、必须坚持胸怀天下。

三、善于运用以习近平新时代中国特色社会主义思想为根本遵循取得的重要经验

习近平新时代中国特色社会主义思想是广大党员干部坚定理想、锤炼党性和指导实践、推动工作的强大思想武器。党的十八大以来，我们党坚持以习近平新时代中国特色社会主义思想为根本遵循，推动全党以学铸魂、以学增智、以学正风、以学促干，推进党的自我革命和伟大社会革命向纵深发展，取得了卓著成就，积累了宝贵经验。

第一，坚持夯实根基，促进思想建党和制度治党紧密结合。理想信念是共产党人的思想根基，理想信念的一丝动摇或一毫滑坡，稍不注意都会对党的思想根基造成致命伤害。"一个政党的衰落，往往从理想信念的丧失或缺失开始。我们党是否坚强有力，既要看全党在理想信念上是否坚定不移，更要看每一位党员在理想信念上是否坚定不移。"①习近平总书记在庆祝中国共产党成立95周年大会上振聋发聩地揭示了这个政党建设的普遍真理。

在强调全党理想信念教育的同时，习近平总书记在党的群众路线教育实践活动总结大会上鲜明指出："从严治党靠教育，也靠制度，二者一柔一刚，要同向发力、同时发力。"②特别是在党的十九届中央纪委二次全会上，习近平总书记总结经验说道："五年来的实践告诉我们，推进全面从严治党，既要解决思想问题，也要解决制度问题，二者一

_____

① 《习近平谈治国理政》第2卷，外文出版社2017年版，第34—35页。
② 《十八大以来重要文献选编》(中)，中央文献出版社2016年版，第94页。

柔一刚、刚柔相济，同向发力、同时发力，能产生一加一大于二的功效。"①这就为加强党的思想理论建设、推进新时代党的自我革命指明了方向、积累了新鲜经验。

以此为出发点，党的十八大以来，我们党以党章为根本、以民主集中制为核心，建构起了涵盖党的思想理论建设在内的较为完备的"1+4"党内法规制度体系，为全党加强思想理论建设提供了刚性有力的法规保障。我们党先后制定修订了《中国共产党章程》《关于新形势下党内政治生活的若干准则》《中国共产党宣传工作条例》《中国共产党党校（行政学院）工作条例》《关于新时代加强和改进思想政治工作的意见》等重要规章制度和法规政策，把思想政治工作、理论武装工作、意识形态工作、宣传舆论工作等思想理论建设范畴领域的重大原则、明确要求、具体规范列入其中，形成了较为完善的推进思想理论建设工作的制度体系，为加强党的思想理论建设、推进新时代党的自我革命提供了有力依据，使思想建党和制度治党同向发力、同时发力、综合发力，巩固了全党的思想理论根基。

第二，坚持绵绵用力，完善党内集中学习教育长效机制。党的十八大以来，党内集中学习教育的一个重大变化、发展和创新，就是将延安整风运动以来我们党以"活动"为开展形式的党内集中学习教育，在总结提炼经验、做法、成效的基础上，进一步上升到常态化、长效化的"制度"层面，建立健全了党内集中性的全过程、全链条、全周期学习教育机制。

自2013年全党开展以"为民务实清廉"为主要内容的党的群众路线教育实践活动之后，截至2023年学习贯彻习近平新时代中国特色社

---

① 《十九大以来重要文献选编》（上），中央文献出版社2019年版，第188页。

会主义思想主题教育，我们党在历次主题教育名称上不再冠以"活动"字样。譬如，2016年在全党范围内开展"两学一做"学习教育之际，中共中央办公厅印发了《关于推进"两学一做"学习教育常态化制度化的意见》，强调推进"两学一做"学习教育常态化制度化"是坚持思想建党、组织建党、制度治党紧密结合的有力抓手，是不断加强党的思想政治建设的有效途径，是全面从严治党的战略性、基础性工程"①，进一步解决党员队伍在思想认识方面存在的问题，保持和发展了党的先进性纯洁性。

党的十九大之后，2019年庆祝新中国成立70周年，我们党分两批在全党开展"不忘初心、牢记使命"主题教育。从党的十九届四中全会强调"建立不忘初心、牢记使命的制度"②，到中共中央办公厅印发《关于巩固深化"不忘初心、牢记使命"主题教育成果的意见》，再到党的二十大报告开宗明义强调全党同志牢记"三个务必"的伟大号召和重要要求，不忘初心、牢记使命的制度化常态化长效化要求更加明显突出。2021年为庆祝中国共产党百年华诞，我们党在全党开展党史学习教育。此后，中共中央办公厅又印发了《关于推动党史学习教育常态化长效化的意见》、中共中央印发《党史学习教育工作条例》，推动党史学习教育日益形成机制、更加走深走实。由此可见，新时代我们党紧紧围绕思想理论建设这个党的基础性建设的重要要求，作出了一系列重大决策部署，完善党内集中学习教育长效机制，坚持不懈地把习近平新时代中国特色社会主义思想学习教育引向深入。

第三，坚持问题导向，推动全党思想更加高度统一。鲜明的问题

---

① 《关于推进"两学一做"学习教育常态化制度化的意见》，人民出版社2017年版，第1页。

② 《十九大以来重要文献选编》(中)，中央文献出版社2021年版，第272页。

导向，是习近平总书记关于党的自我革命的重要思想的突出特征，也是习近平新时代中国特色社会主义思想"六个必须坚持"的具体运用和鲜活体现。党的十八大以来，党的思想领域之所以更加正本清源、纯洁清新，源于以习近平同志为核心的党中央紧盯党内思想领域出现的突出问题不放，以刀刃向内的勇气逐个予以整治、清理。

早在2013年6月党的群众路线教育实践活动工作会议上，习近平总书记就强调："洗洗澡，主要是以整风的精神开展批评和自我批评，深入分析发生问题的原因，清洗思想和行为上的灰尘，既要解决实际问题，更要解决思想问题，保持共产党人政治本色。"①翌年，在十八届中央政治局第十六次集体学习时，他尖锐地指出："党内存在大量思想问题和利益矛盾，某些矛盾涉及党员、干部多，同其他社会矛盾错综交织，协调处理难度很大。"②党的十八届六中全会第二次全体会议上，他总结了党的十八大以来推进全面从严治党的"六个从严"的重要经验，特别是强调"我们坚持问题导向"③，主要从抓思想从严、抓管党从严、抓执纪从严、抓治吏从严、抓作风从严、抓反腐从严等方面推进全面从严治党。

党的十九大在肯定过去5年来全面从严治党取得卓著成效的同时，明确指出："党内存在的思想不纯、组织不纯、作风不纯等突出问题尚未得到根本解决。"④此后连续多年，习近平总书记在2018年召开的全

---

① 《十八大以来重要文献选编》（上），中央文献出版社2014年版，第316页。
② 中共中央文献研究室编：《习近平关于全面从严治党论述摘编》，中央文献出版社2016年版，第7页。
③ 中共中央文献研究室编：《习近平关于全面从严治党论述摘编》，中央文献出版社2016年版，第16页。
④ 习近平：《决胜全面建成小康社会 夺取新时代中国特色社会主义伟大胜利——在中国共产党第十九次全国代表大会上的报告》，人民出版社2017年版，第61页。

国组织工作会议上、在2019年主持十九届中央政治局第十五次集体学习时的讲话中、在2020年召开的"不忘初心、牢记使命"主题教育总结大会上以及在学习贯彻习近平新时代中国特色社会主义思想主题教育工作会议上的讲话中，都明确重申了这一党内顽疾和重大判断，并强调全党对此要有清醒的认识。正是紧紧扭住党内存在的思想不纯问题不放，坚持实事求是的思想路线，新时代党的思想理论建设更具针对性、靶向性、实效性，全党思想也更加高度统一，政治上更加团结一致。

第四，坚持守正创新，实现马克思主义中国化时代化新的飞跃。进入新时代，面对世所罕见、史所罕见的各类风险挑战，我们之所以能够化危为安、转危为机，之所以能够以"中国之治"应对"西方之乱"，之所以能够取得历史性伟大成就、发生历史性伟大巨变，正是幸赖于习近平新时代中国特色社会主义思想的实践伟力和科学指引。

我们从事的是前无古人的伟大事业，守正才能不迷失方向、不犯颠覆性错误，创新才能把握时代、引领时代。新时代以来，以习近平同志为核心的党中央紧紧依靠人民，始终坚持守正创新，坚持把马克思主义基本原理同中国具体实际相结合、同中华优秀传统文化相结合，顺应世界之变、时代之变、历史之变，用马克思主义的立场观点方法不断拓展认识的广度和深度，以新视野新高度深化对新时代中国特色社会主义的规律性认知，创立了习近平新时代中国特色社会主义思想，实现了马克思主义中国化时代化的新的飞跃，这是中国共产党、中国人民、中华民族宝贵的精神财富和思想结晶。

习近平新时代中国特色社会主义思想是新时代党的思想理论建设取得的最根本成就，为推进党的自我革命和伟大社会革命提供了根本遵循，是我们党和国家必须长期坚持的根本指导思想和行动指南。

四、把习近平新时代中国特色社会主义思想转化为凝心铸魂、推动工作的强大力量

全面建设社会主义现代化国家、全面推进中华民族伟大复兴，关键在党，关键在党要管好党、治好党、建好党。习近平总书记强调："全党同志要跟上时代步伐，不能身子进了新时代，思想还停留在过去，看问题、作决策、推工作还是老观念、老套路、老办法。"①新征程上，深入推进党的自我革命，就必须以习近平新时代中国特色社会主义思想为根本遵循，坚持不懈用党的创新理论武装全党，在深化内化转化上下功夫，不断提高党的自我革命的坚定性、科学性、有效性。要坚持学思用贯通、知信行统一，把习近平新时代中国特色社会主义思想转化为坚定理想、锤炼党性和指导实践、推动工作的强大力量。要把握好习近平新时代中国特色社会主义思想的世界观和方法论，坚持好、运用好贯穿其中的立场观点方法，在"两个结合"特别是"第二个结合"中推进实现马克思主义政党自我革命精神与革故鼎新、应时而变、修己内省等中华优秀传统文化因子的深度融合。

第一，坚持不懈用习近平新时代中国特色社会主义思想武装全党。在学习贯彻习近平新时代中国特色社会主义思想主题教育工作会议上，习近平总书记强调："思想上的统一是党的团结统一最深厚最持久最可靠的保证。我们这么大一个党，领导着这么大一个国家，肩负着带领全国各族人民实现国家强盛、民族复兴这个艰巨任务，全党必须统一思想、统一意志、统一行动。怎么实现全党思想、意志、行动的统一？

---

① 习近平：《论党的宣传思想工作》，中央文献出版社2020年版，第414页。

最根本的就是用党的基本理论武装全党。"[1]习近平新时代中国特色社会主义思想是团结全党的思想灯塔和基本理论，新时代中国化时代化的马克思主义行，最根本的就是习近平新时代中国特色社会主义思想行。

党的二十大报告指出："用党的创新理论武装全党是党的思想建设的根本任务。"[2]理论创新每前进一步，理论武装就必须跟进一步。新征程上，我们要以习近平新时代中国特色社会主义思想为根本遵循，全面加强党的思想理论建设，深刻领悟"两个确立"的决定性意义，巩固全党团结奋斗的共同思想基础，使全党统一思想认识、凝聚奋进力量、明确前进方向，就必须把习近平新时代中国特色社会主义思想转化为党员干部不断坚定理想信念根基、持续锤炼党性修养、进一步创造性开展工作的磅礴伟力，推动全党成为思想上政治上行动上更加高度统一的坚不可摧的有机整体，更好地进行伟大斗争、推进伟大事业、实现伟大梦想。一是要健全完善领导干部领学带学示范机制。扎扎实实把学习习近平新时代中国特色社会主义思想和习近平总书记系列重要讲话精神的各级党委（党组）"第一议题"学习制度坚持好、落实好、执行好，坚持学思用贯通、知信行统一，用工作成效检验新理念新思想学习状况，激励领导干部真学真用、活学活用。二是要组织实施党的创新理论学习教育计划。按照"总论—分论—特色"的基本思路，分专题分领域分线条开展习近平新时代中国特色社会主义思想的系统全面学习，根据工作需要进一步查缺补漏，有针对性地举办专题专项培训班、读书班、学习班、研讨班，构建"读、听、议、研、练、评"

---

[1] 习近平：《在学习贯彻习近平新时代中国特色社会主义思想主题教育工作会议上的讲话》，人民出版社 2023 年版，第 2 页。

[2] 习近平：《高举中国特色社会主义伟大旗帜　为全面建设社会主义现代化国家而团结奋斗——在中国共产党第二十次全国代表大会上的报告》，人民出版社 2022 年版，第 65 页。

全流程培训体系，推动新理念新思想武装头脑、化为行动。三是要持续推进学习型党支部建设。在牢固树立大抓基层鲜明导向之下，压实党支部负责人抓党建第一负责人责任，发挥"两微一端"等新媒体优势，督促党员自觉主动登录"学习强国"等网络学习平台"充电""加油"，力争学深一步、学进一层，探索常态化考学机制，考学结果纳入民主评议党员、年度评先评优的依据，形成奋勇争先的内生动力。

第二，持之以恒把坚定理想信念作为思想理论建设的首要任务。理想信念集中体现了人们的世界观、人生观和价值观，科学而正确的理想信念，能够净化人的心灵，提高人的精神境界，是人生奋进的精神支柱和精神动力；同时又能够激励人们为了人类幸福和社会进步而奋斗，推动和促进经济社会发展。理想信念蕴含了对共产主义远大理想的不变信念，意蕴着对中国特色社会主义共同理想的不懈追求。

习近平总书记指出："理想信念是共产党人精神上的'钙'，共产党人如果没有理想信念，精神上就会'缺钙'，就会得'软骨病'，必然导致政治上变质、经济上贪婪、道德上堕落、生活上腐化。对党员干部来讲，是有坚定理想信念，还是满脑子功利私欲，决定着一个人的思想境界和行为举止。党员干部有了坚定理想信念，才能经得住各种考验，走得稳、走得远；没有理想信念，或者理想信念不坚定，就经不起风吹浪打，关键时刻就会私心杂念丛生，甚至临阵脱逃。"①新征程上，我们要以习近平新时代中国特色社会主义思想为根本遵循，全面加强党的思想理论建设，解决好世界观、人生观、价值观这个总开关问题，始终牢记"中国共产党是什么、要干什么"这个根本问题，始终明确中国共产党"从哪里来、到哪里去"，就必须持之以恒把坚定理

---

① 《习近平谈治国理政》第4卷，外文出版社2022年版，第523页。

想信念作为党的思想理论建设的首要任务。一是要把理想信念教育融入日常、抓在经常。理想信念不是高高在上，而是要落实到最接地气的为民服务之中。要引导党员干部善于从繁杂琐碎的事务中透视为民之心，善于从急难险重的任务中检验为民之责，善于从风险挑战的应对中增强为民本领，把理想信念与为民服务结合起来，在走好新时代群众路线中加强理想信念教育，以实现阶段性使命任务支撑共产主义远大理想。二是要坚守共产党人的精神家园和价值追求。在新的历史条件下，随着社会主义市场经济的深度推进，随着改革开放大门的越开越大，要不断弘扬伟大建党精神，赓续红色血脉，提高党员干部的思想境界，引导党员干部自觉践行理想信念，自觉抵制商品交换原则对思想的侵蚀，筑牢思想防线、守住本色底线，坚守共产党人的精神家园和价值追求，促进理想信念内化于心、外化于行，融入实实在在的干事创业。三是要巩固好守护好马克思主义意识形态阵地。意识形态领域的斗争正呈现越演越烈的态势，要落实好意识形态工作责任制，增强党员干部意识形态斗争政治自觉和鉴别力，转化话语表达方式和传播方式，在关键时间节点拉近科学理论与党员干部和群众的情感距离，牢牢掌握意识形态工作的领导权、管理权、话语权，推动马克思主义真理走进寻常百家姓。

第三，坚持思想理论武装同常态化长效化党内学习教育相结合。从党的群众路线教育实践活动强调"树立群众观点"，到"三严三实"专题教育强调"加强理论修养"，到"两学一做"学习教育强调"学系列讲话"，再到"不忘初心、牢记使命"主题教育强调"理论学习有收获"，再到党史学习教育强调"学史明理"，以习近平同志为核心的党中央在历次党内集中学习教育中突出思想理论武装的重要性，推动全党思想理论建设扎实稳步前进。

习近平总书记指出："理论上清醒，政治上才能坚定。"①党的创新理论占据了真理和道义的制高点，反映了人民群众的殷切期盼，揭示了客观事物发展的内在规律，是科学的与时俱进的实践指南。党走过的百年光辉历程，就是在党的创新理论指导下，始终秉持高度的理论自觉和理论自信，不断推进实践基础上的理论创新，从而夺取了一个又一个伟大胜利、战胜了一个又一个艰巨困难。新征程上，我们要以习近平新时代中国特色社会主义思想为根本遵循，全面加强党的思想理论建设，引导党员干部不断学史明理、学史增信、学史崇德、学史力行，就必须坚持理论武装同常态化长效化党内集中学习教育相结合，以马克思主义的真理之光照亮奋进之路。一是要建立健全党内集中学习教育常态化长效化机制。总结党史上历次集中学习教育特别是党的十八大以来开展的党内集中学习教育经验做法，将行之有效、可复制可推广的经验做法上升为制度要求，巩固学习教育成果，使广大党员干部在火热的学习热潮中接受全面且深刻的思想淬炼和精神洗礼。二是要持续深入开展习近平新时代中国特色社会主义思想学习教育。党员干部特别是县处级以上领导干部是党内的"关键少数"和"风向标"，也是全面从严治党的重点对象，要组织党员干部读原著、学原文、悟原理，完整、准确、系统把握习近平新时代中国特色社会主义思想的科学体系，推动全党强化思想理论武装，聚焦解决思想根子问题，做到真学真懂真信真用，走好新时代的"赶考"之路。三是要在党史学习教育中提高理论深度和理论要求。党史学习教育作为党员干部的必修课、常修课，故事性、历史性的学习教育已经不能完全适应新征程上的新任务和新要求，要不断巩固党史学习教育成果，继续深化党史

---

① 《习近平谈治国理政》第2卷，外文出版社2017年版，第35页。

学习教育，必须在理论层面提出更高要求，帮助党员干部明理增信、掌握主动，为干事创业、攻坚克难提供源源不断的理论支撑。

第四，锲而不舍推进思想建党、理论强党与制度治党协同贯通、共同发力。思想建党、理论强党是我们党长期奋斗得出的宝贵经验和成功做法，是马克思主义政党管党治党的重要抓手。习近平总书记指出："注重思想建党、理论强党，是我们党的鲜明特色和光荣传统。"[1] 我们党在坚持思想建党、理论强党的基础上，提出制度治党的战略要求，强调"制度是关系党和国家事业发展的根本性、全局性、稳定性、长期性问题"[2]，给管党治党提供了有力的武器，成为新时代全面从严治党的长远之策、根本之策。

思想建党、理论强党与制度治党的协同贯通、共同发力，是马克思主义政党建设的必然要求，也是以习近平同志为核心的党中央在创造性推进新时代党的建设新的伟大工程实践中取得的重要启示。思想理论是灵魂，制度规范是保障。新征程上，我们要以习近平新时代中国特色社会主义思想为根本遵循，全面加强党的思想理论建设，贯彻新时代党的建设总要求，推动全面从严治党向纵深发展，就必须更加有力有效地推动党的思想理论成果和制度建设成果转化为管党治党和治国理政的磅礴伟力和强大效能，锲而不舍推进思想建党、理论强党与制度治党协同贯通和共同发力。一是要在理念上树立党建大局观。新时代党的建设总体布局虽然包括了若干部分，但各个部分都不是孤立存在的，而是与其他部分既相对独立又紧密联系，形成一个有机的整体。在谋划部署工作中，要树立党建大局观，既发挥思想建党、理论强党、制度治党的既有优势，又推动三者形成总体合力、协同贯通，

---

[1] 习近平：《论党的宣传思想工作》，中央文献出版社2020年版，第413页。
[2] 《习近平谈治国理政》第3卷，外文出版社2020年版，第185页。

提高党建质效。二是要在工作上提高思想理论建设与制度治党的衔接性、融通性。在思想理论建设上加强制度意识和制度约束力、执行力、权威性教育，增强对制度治党的科学认知，在制度治党上细化思想教育、理论武装的要求，提高思想建党、理论强党、制度治党工作的衔接性、融通性。三是要在机制上推动三者交叉联结互动。完善全面从严治党体系的顶层设计，建立健全思想建党、理论强党、制度治党三者交叉联结互动机制，促三者相互贯通、相互联动，形成一体化党建工作良好格局。

第五，在"两个结合"中不断开辟马克思主义中国化时代化新境界。在庆祝中国共产党成立100周年大会上，习近平总书记首次提出了"坚持把马克思主义基本原理同中国具体实际相结合、同中华优秀传统文化相结合"[①]的"两个结合"重大创新论断。在党的二十大报告中，习近平总书记又对"两个结合"的科学内涵、表现形式、实践要求等作出深入阐释，深刻回答了"党的创新理论是怎么来的、怎样进一步推进党的理论创新"的重大课题，为新时代新征程中国共产党不断开辟马克思主义中国化时代化新境界指明了前进方向、提供了路径方法。在参加广西代表团讨论党的二十大报告时，习近平总书记对马克思主义中国化时代化进行了深刻阐释，明确指出"强调'两个结合'，这是新时代中国特色社会主义原创性的"[②]。

党的二十大胜利闭幕后的首次出京考察，习近平总书记用实际行动为全党作出示范，探寻"两个结合"背后的深层逻辑和重大贡献。延安时期，以毛泽东同志为主要代表的中国共产党人坚持把马克思主

[①] 《习近平谈治国理政》第4卷，外文出版社2022年版，第10页。
[②] 杜尚泽：《"就是要理直气壮、很自豪地去做这件事"（微镜头·习近平总书记参加党的二十大广西代表团讨论）》，《人民日报》2022年10月19日。

义基本原理同中国革命实际相结合，找到了新民主主义革命的正确道路，找到了跳出治乱兴衰历史周期率的"第一个答案"，确保了我们党夺取新民主主义革命伟大胜利，成为全面执政的执政党。在考察中，习近平总书记强调："中华优秀传统文化是我们党创新理论的'根'，我们推进马克思主义中国化时代化的根本途径是'两个结合'。我们要坚定文化自信，增强做中国人的自信心和自豪感。"①

特别需要指出的是，在贯彻落实党的二十大精神开局起步之年，2023年6月初，习近平总书记在文化传承发展座谈会上深刻阐述了"两个结合"中"第二个结合"的突出作用和地位，强调："更重要的是，'第二个结合'是又一次的思想解放，让我们能够在更广阔的文化空间中，充分运用中华优秀传统文化的宝贵资源，探索面向未来的理论和制度创新。"②同时强调，在5000多年中华文明深厚基础上开辟和发展中国特色社会主义，"两个结合"是必由之路。"这是我们在探索中国特色社会主义道路中得出的规律性的认识，是我们取得成功的最大法宝。"③同月底，习近平总书记在二十届中共中央政治局第六次集体学习时强调："马克思主义中国化时代化这个重大命题本身就决定，我们决不能抛弃马克思主义这个魂脉，决不能抛弃中华优秀传统文化这个根脉。坚守好这个魂和根，是理论创新的基础和前提。理论创新必须讲新话，但不能丢了老祖宗，数典忘祖就等于割断了魂脉和根脉，最终会犯失去魂脉和根脉的颠覆性错误。"④这些创新论述，为新时代不断开辟马克思主义中国化时代化新境界提供了新的实践指南。

---

① 《全面推进乡村振兴　为实现农业农村现代化而不懈奋斗》，《人民日报》2022年10月29日。

② 习近平：《在文化传承发展座谈会上的讲话》，人民出版社2023年版，第8页。

③ 习近平：《在文化传承发展座谈会上的讲话》，人民出版社2023年版，第5页。

④ 《不断深化对党的理论创新的规律性认识　在新时代新征程上取得更为丰硕的理论创新成果》，《人民日报》2023年7月2日。

习近平新时代中国特色社会主义思想的发展是一个不断丰富拓展并不断体系化、学理化的过程。新征程上，我们要以习近平新时代中国特色社会主义思想为根本遵循，不断引导广大党员干部及时跟进学习、联系实际学习、深入思考学习习近平新时代中国特色社会主义思想和习近平总书记系列重要讲话、重要指示批示精神，就必须在"两个结合"中全面系统准确把握习近平新时代中国特色社会主义思想的最新理论发展和实践创新成果的内在逻辑关系，把习近平新时代中国特色社会主义思想转化为凝心铸魂、推动工作的强大力量，不断谱写马克思主义中国化时代化的崭新篇章。

第四章

以跳出历史周期率为战略目标

跳出历史周期率是历代中国共产党人对历史周期率的清醒面对，是新时代我们党破解大党独有难题，应对"四大考验"和防范"四种危险"，建设长期执政的马克思主义政党的战略选择。党的十八大以来，中国共产党以跳出历史周期率为战略目标推进党的自我革命，全面从严治党推进"六个建设一个斗争"，党的自我净化、自我完善、自我革新、自我提高能力不断增强。

一、跳出历史周期率是中国共产党人对历史周期率的清醒面对

历史周期率，是指世界上任何一个国家的政权都会经历兴衰治乱、往复循环的周期性现象。纵观古今中外，一人，一家，一团体，一地方，乃至一国，不少单位都没能跳出"其兴也勃焉，其亡也忽焉"的历史周期率。尽管中国共产党是以马克思主义为科学指导的无产阶级政党，是中国工人阶级的先锋队，是各族人民利益的忠实代表，从本质上看，具有跳出历史周期率的可能性和先进性。但是可能性不等于必然性，先进性也不是一成不变，要跳出历史周期率，前提是实现长期执政，而要实现长期执政，就要始终保持和人民群众的血肉联系，从严管党治党。为了跳出历史周期率，中国共产党人采取了一系列有力措施。这些实践不仅为中国特色社会主义事业提供了坚强保障，也

为世界其他国家的政党治理提供了有益借鉴。跳出历史周期率的尝试是中国共产党人对历史周期率的清醒面对，这体现了中国共产党人深刻的历史自觉和强烈的使命担当。展望未来，中国共产党人将继续以高度的历史自觉和强烈的使命担当，不断推进党的自我革命，确保党始终成为中国特色社会主义事业的坚强领导核心。同时，也将积极与其他国家政党交流互鉴，共同探索符合各自国情的政党治理之道，为推动构建人类命运共同体作出积极贡献。

（一）以毛泽东同志为主要代表的中国共产党人对历史周期率的清醒面对

以毛泽东同志为主要代表的中国共产党人对历史周期率的清醒面对，体现在他们对政权建设和国家治理的深刻思考和实践探索中。他们高度重视从思想上组织上作风上加强党的建设。

首先，认识到历史周期率是一个普遍存在的问题。毛泽东认识到历史周期率不仅存在于历史上，也存在于现实中，因此必须寻找一种能够跳出历史周期率的治理之道。毛泽东对郭沫若所写《甲申三百年祭》中所提到的"胜利—骄傲—腐化—失败"的规律感触颇深，党中央将此书作为延安整风的学习材料，加强理论学习、整顿思想。后又通过与黄炎培的窑洞对话，提出了解决跳出历史周期率的第一个答案。他们意识到，如果一个政权不能有效应对历史周期率的问题，就很难长期保持其稳定性和发展性。因而在新民主主义革命即将全面胜利之际，毛泽东在七届二中全会上告诫全党："务必使同志们继续地保持谦虚、谨慎、不骄、不躁的作风，务必使同志们继续地保持艰苦奋斗的作风。"[1]

---

[1] 《毛泽东选集》第4卷，人民出版社1991年版，第1438—1439页。

其次，对历史周期率的认识体现在他们对自身使命和责任的认识上。以毛泽东同志为主要代表的中国共产党人深知自己的责任和使命是带领中国人民实现民族独立和人民解放，进而建设一个富强、民主、文明的社会主义现代化国家。为了实现这一目标，他们不断进行自我革命和建设，不断提高自身的领导能力和执政水平。在作风上，开展整风整党、批评和自我批评、坚决惩治腐败等党内斗争，这些举措是我们党对历史周期率的洞察警醒和行动应对，有效推动了我们党实现全国执政并巩固执政地位。

最后，提出了跳出历史周期率的第一个解决方案：民主和监督。具体来说就是倡导人民当家作主，让人民参与政治决策和管理，并通过各种方式监督政府的行为。这种思想在后来的中国革命和建设实践中得到了广泛实践和应用。以毛泽东同志为主要代表的中国共产党人坚持群众路线，坚持民主集中制，先后创立工农兵代表大会制、"三三制"、人民代表大会制度等加强外部监督。

（二）以邓小平同志为主要代表的中国共产党人对历史周期率的清醒面对

党的十一届三中全会后，以邓小平同志为主要代表的中国共产党人在带领全党和全国人民奋力推进我国改革开放和现代化建设的同时，也站在新时期马克思主义执政党建设的历史维度，重新确立解放思想、实事求是的马克思主义思想路线，对事关能否跳出历史周期率的执政党党风建设问题、反腐倡廉问题、民主法治建设问题等进行了一系列思考和探索。

首先，确立跳出历史周期率以人为本的原则。把"人民赞成不赞成""人民高兴不高兴""人民答应不答应"作为党制定各项方针政策的出发点和落脚点，提出以人民为评价主体的"三个有利于"要求，指出发展要将人民群众的利益摆放在首要地位，想人民之所想，急人民之所急，解人民之所难。倡导广泛的民主参与和监督机制，确保政权的稳定和人民的福祉。

其次，强调跳出历史周期率就要不断健全相关制度。邓小平始终强调"制度是决定因素"①，制度还是保障民主的基础，"没有民主就没有社会主义，就没有社会主义的现代化"②。"为了保障人民民主，必须加强法制。必须使民主制度化、法律化，使这种制度和法律不因领导人的改变而改变，不因领导人的看法和注意力的改变而改变。"③在邓小平理论的指导下，我国民主法制建设得到长足的发展。同时，他还强调："社会主义的本质，是解放生产力，发展生产力，消灭剥削，消除两极分化，最终达到共同富裕。"④

最后，强调跳出历史周期率要加强党的建设。在推进党的建设的实践中，邓小平同样将制度建设作为根本性的问题。他指出："国要有国法，党要有党规党法。党章是最根本的党规党法。没有党规党法，国法就很难保障。"⑤把党的建设同党在社会主义事业发展不同的历史时期主要任务相结合起来，强调制度建党的重要性，不断健全党的组织制度、党的领导制度、群众监督制度，一手抓改革开放，一手抓惩治腐败，形成了"民主＋法制"一体推进的新思路，进一步巩固了党的执政地位。同时，他还注重提高领导能力和执政水平，以更好地服务人民和实现民族复兴的伟大梦想。

---

① 《邓小平文选》第2卷，人民出版社1994年版，第308页。
② 《邓小平文选》第2卷，人民出版社1994年版，第168页。
③ 《邓小平文选》第2卷，人民出版社1994年版，第146页。
④ 《邓小平文选》第3卷，人民出版社1993年版，第373页。
⑤ 《邓小平文选》第2卷，人民出版社1994年版，第147页。

（三）以江泽民、胡锦涛同志为主要代表的中国共产党人对历史周期率的清醒面对

以江泽民、胡锦涛同志为主要代表的中国共产党人，也分别就中国共产党如何跳出历史周期率问题进行过深入思考和艰辛探索。他们借鉴我们党长期执政的经验和世界上其他执政党衰败的教训，结合中国具体实际，提出"立党之本、执政之基、力量之源"的"三个代表"重要思想和"求真务实"的思想路线，提出加强党的先进性建设和党的执政能力建设等重要思想，都是这一探索的重要成果。

首先，深刻认识并高度重视历史周期率。江泽民科学分析国内外形势和党所处的历史方位，提出"三个代表"重要思想，要求"全体党员特别是领导干部，都必须始终坚持清正廉洁、一身正气，经得起执政和改革开放的考验，经得起权力、金钱、美色的考验，绝不允许以权谋私、贪赃枉法"[1]。胡锦涛面对世情、国情、党情的变化，提出党面临着执政考验、改革开放考验、市场经济考验、外部环境考验等"四大考验"，指出存在精神懈怠的危险、能力不足的危险、脱离群众的危险、消极腐败的危险等"四种危险"。

其次，重视加强自身建设，特别是加强党的思想建设、组织建设和作风建设。江泽民强调要"坚持用邓小平理论武装全党"[2]，推进党的建设新的伟大工程，不断增强党的创造力、凝聚力和战斗力。胡锦涛则提出要"以邓小平理论、'三个代表'重要思想、科学发展观为指导，解放思想，改革开放，凝聚力量，攻坚克难，坚定不移沿着中国特色社会主义道路前进，为全面建成小康社会而奋斗"[3]。这些措施有力地加

---

① 《江泽民文选》第3卷，人民出版社2006年版，第292页。
② 《江泽民文选》第2卷，人民出版社2006年版，第537页。
③ 《胡锦涛文选》第3卷，人民出版社2016年版，第612页。

强了党的自身建设，提高了党的领导能力和执政水平。

最后，强调改革和发展是跳出历史周期率的重要方法。江泽民指出："全面建设小康社会，最根本的是坚持以经济建设为中心，不断解放和发展社会生产力。"①以各方面发展来稳定民心，提高全国人民的生活水平和质量，赢得人民的支持。实施西部大开发战略，关系全国发展的大局。解决就业问题是解决民生之本。胡锦涛则提出要"加快经济发展方式转变……大力提高自主创新能力，推动产业结构优化升级"②。这些举措有力地推动了中国的经济社会发展，增强了国家的综合实力和国际竞争力。

（四）以习近平同志为主要代表的中国共产党人对历史周期率的清醒面对

党的十八大以来，以习近平同志为主要代表的中国共产党人，着眼实现中华民族伟大复兴战略全局和世界百年未有之大变局，立足新时代党的建设新的伟大工程，始终保持清醒头脑和战略定力，对新时代中国共产党人如何跳出历史周期率问题进行了深入系统的探索。

首先，强调要始终保持跳出历史周期率的清醒。习近平总书记提醒全党："党面临的'赶考'远未结束。"③在长期的思考和实践中，习近平总书记指明了解决这一历史规律的方向，继承和发展马克思主义建党学说，总结运用党的百年奋斗历史经验，深入推进管党治党实践创新、理论创新、制度创新，提高对执政党规律性认识的高度。

其次，提出跳出历史周期率的第二个答案。习近平总书记在对党的百年奋斗历程特别是对党的十八大以来全面从严治党新的伟大实践

---

① 《江泽民文选》第3卷，人民出版社2006年版，第544页。
② 《胡锦涛文选》第3卷，人民出版社2016年版，第340页。
③ 中共中央文献研究室编：《习近平关于实现中华民族伟大复兴的中国梦论述摘编》，中央文献出版社2013年版，第85页。

进行深刻总结，立足新的形势任务，把握协调推进两个伟大革命的基础上提出跳出历史周期率的第二个答案：自我革命。习近平总书记指出："早在延安时期，毛泽东同志就提出跳出'历史周期率'的课题，党的八大规定任何党员和党的组织都必须受到自上而下的和自下而上的监督，现在我们不断完善党内监督体系，目的都是形成科学管用的防错纠错机制，不断增强党自我净化、自我完善、自我革新、自我提高的能力。"①

最后，不断深化对党的自我革命的规律性认识。习近平总书记始终在把握党自我革命历史经验特别是党的十八大以来全面从严治党新鲜经验，立足新的形势任务，不断扩展实践的基础上深化对党的自我革命的规律性认识。他提出"坚持党要管党、全面从严治党，以伟大自我革命引领伟大社会革命"②的方法和目标，总结新时代党的自我革命的成功实践，阐述了"九个坚持"的规律性认识和"六个必须"的原则性要求，在党的二十大报告提出了"必须时刻保持解决大党独有难题的清醒和坚定"③的重要要求，并对大党独有难题作出"六个如何始终"的深刻阐释，在二十届中央纪律检查委员会第三次全体会议上提出深入推进党的自我革命"九个以"的实践要求，其中将跳出历史周期率上升到战略目标的新高位。

我们看到，从实现全国执政到巩固执政地位，再到确保长期执政，中国共产党人始终保持着对跳出历史周期率的清醒面对。中国共产党能经受长期执政考验，其奥秘就在于一代代中国共产党人始终坚持党

①　《习近平著作选读》第1卷，人民出版社2023年版，第527页。

②　《习近平著作选读》第2卷，人民出版社2023年版，第592页。

③　习近平：《高举中国特色社会主义伟大旗帜　为全面建设社会主义现代化国家而团结奋斗——在中国共产党第二十次全国代表大会上的报告》，人民出版社2022年版，第63页。

要管党、全面从严治党，不断应对好自身在各个历史时期面临的风险考验，确保我们党在世界形势深刻变化的历史进程中始终走在时代前列，在应对国内外各种风险挑战的历史进程中始终成为全国人民的主心骨。

二、跳出历史周期率是建设长期执政的马克思主义政党的战略选择

跳出历史周期率，对建设一个长期执政的马克思主义政党来说，不仅是一项紧迫的现实任务，更是一项具有深远意义的战略选择。这不仅关系党的生死存亡，更关系社会主义制度的兴衰成败以及中华民族伟大复兴的进程。党的十八大以来，随着国情党情的深刻变化与世界百年未有之大变局相互交织，国内外环境日趋复杂，我们党面临大党独有难题，必须坚定应对"四大考验"，坚决防范"四种危险"。我们党面临的跳出历史周期率的挑战不仅未完全消除，且愈加紧迫。这增加了我们党跳出历史周期率探索的艰巨性和紧迫性，所以习近平总书记指出："当年'窑洞对'的问题已经彻底解决了吗？恐怕还没有。"[1]

（一）跳出历史周期率是破解大党独有难题的根本路径

大党独有难题主要源于国内外环境的复杂多变以及党自身建设和发展中的深层次问题，从党的十八大到党的二十大，从"大也有大的难处"到"大党独有难题"，我们党对大党难题的认识逐渐深化，在理论上进一步成熟。习近平总书记将其概括为"六个如何始终"，即"如何始终不忘初心、牢记使命，如何始终统一思想、统一意志、统一行

---

[1] 中共中央文献研究室编：《习近平关于全面从严治党论述摘编》，中央文献出版社2016年版，第204页。

动，如何始终具备强大的执政能力和领导水平，如何始终保持干事创业精神状态，如何始终能够及时发现和解决自身存在的问题，如何始终保持风清气正的政治生态"①。破解大党独有难题关系党的生死存亡和兴衰成败，是党在新时代新征程上必须回答好、解决好的问题。

如何破解大党独有难题？这与跳出历史周期率有着密不可分的关系。作为长期执政的大党，我们党对大党独有难题的认识实际上就是深刻反思党的历史上走过的弯路、经历的曲折的结果，是吸取中外政治史上深刻教训的历史总结，是对大党治理复杂性和特殊性的清晰认知。这些难题是我们党在追求长期执政、实现中华民族伟大复兴的历史进程中必须面对和解决的，涉及党的思想建设、组织建设、作风建设、反腐倡廉建设等各个方面，它们对党的领导能力、决策水平和组织纪律提出了更高的要求。为了有效应对这些难题，我们必须加强党的自身建设，提升党员素质，完善党的制度机制，不断进行自我革新和自我完善。这些革新和完善巩固了实现以跳出历史周期率为战略目标的基础。反过来说，实现跳出历史周期率战略目标也是解决大党独有难题的关键途径。通过跳出历史周期率，我们党可以不断增强自我净化、自我完善、自我革新、自我提高的能力，有效应对各种风险和挑战，从而解决大党独有的难题。此外，解决大党独有难题与跳出历史周期率还相互影响、相互促进。我们党在解决难题的过程中不断进行自我革命，而这种自我革命的过程本身就是跳出历史周期率的重要体现。

（二）跳出历史周期率是应对"四大考验"的有力保证

作为长期执政的大党，我们党在新形势下所面临的"执政考验、

---

① 《一刻不停推进全面从严治党　保障党的二十大决策部署贯彻落实》，《人民日报》2023年1月10日。

改革开放考验、市场经济考验、外部环境考验"将长期存在。首先，执政考验。这是我们作为长期执政的党所面临的首要考验，我们需要保持党的先进性和纯洁性，防止权力滥用和腐败现象的发生。其次，改革开放考验。改革开放是中国特色社会主义事业的关键一招，但改革过程中也伴随着各种风险和挑战。我们党必须保持改革的正确方向，平衡各方利益，确保改革成果惠及广大人民群众。再次，市场经济考验。市场经济的发展带来了经济繁荣和社会进步，但也带来了市场竞争激烈、利益分化加剧等问题。我们需要在市场经济条件下坚持党的领导，确保经济发展与人民福祉相协调。最后，外部环境考验。随着全球化的深入发展，国际形势日趋复杂多变，各种风险和挑战层出不穷。如何在复杂多变的国际环境中保持战略定力，如何维护国家主权、安全和发展利益，是我们党必须认真思考和应对的重要问题。

这些考验相互交织、相互影响，对党的长期执政地位构成了严峻挑战。而跳出历史周期率是应对四大考验的有力保障，具有至关重要的战略意义。中国共产党要跳出政权兴替、"治乱兴衰"这一历史规律，就必须不断加强自身建设，提高执政能力和领导水平。这既是应对"四大考验"的必然要求，更是实现党的长期执政、永葆生机活力的关键所在。而且以跳出历史周期率为战略目标，有助于我们党在应对"四大考验"的过程中保持战略定力，坚定理想信念。它激励我们不断进行自我完善和自我提高，始终保持清醒头脑和坚定立场。这样，我们党就能在各种风险和挑战面前保持强大的凝聚力和战斗力，始终成为引领中国特色社会主义事业的坚强领导核心。因此，我们必须深刻认识跳出历史周期率对于破解大党独有难题、应对"四大考验"的重要意义，将其作为党的建设的重要任务抓紧抓好。

（三）跳出历史周期率是防范"四种危险"的坚实屏障

在新形势下，我们党还面临精神懈怠、能力不足、脱离群众和消极腐败等"四种危险"。首先，精神懈怠危险。随着时代的发展，一些党员干部容易出现骄傲自满、故步自封的情绪，导致精神懈怠，丧失进取心。这不仅会影响个人的成长和发展，更会对党和人民的事业造成严重影响。其次，能力不足危险。面对新时代的新任务新要求，一些党员干部在知识、能力、经验等方面存在明显不足，难以适应新时代的发展需要。这不仅会影响工作效率和质量，还会导致决策失误，给党和人民的事业带来损失。再次，脱离群众危险。一些党员干部在工作中存在形式主义、官僚主义等问题，导致与群众的距离越来越远，甚至出现脱离群众的现象。这不仅会影响党的形象和声誉，更会导致党的执政基础动摇。最后，消极腐败危险。腐败是党长期执政的最大威胁，也是人民群众最深恶痛绝的问题。一些党员干部在工作中存在贪污受贿、滥用职权等腐败行为，严重损害了党的形象和声誉，破坏了党的执政基础。习近平总书记曾深刻指出："近年来，一些国家因长期积累的矛盾导致民怨载道、社会动荡、政权垮台，其中贪污腐败就是一个很重要的原因。大量事实告诉我们，腐败问题越演越烈，最终必然会亡党亡国！"[①]

"四种危险"准确形象地概括了我们党长期执政面临的风险和挑战，警示我们党的执政地位不是与生俱来的，而是需要不懈奋斗和持续努力才能巩固的。因此，防范执政风险的忧患意识丝毫不能懈怠，坚持党要管党、从严治党的自觉要求一刻不能放松。历史上，很多政党和政权因为无法应对这些危险而迅速衰败，陷入"其兴也勃焉，其

---

① 中共中央文献研究室编：《习近平关于全面从严治党论述摘编》，中央文献出版社2016年版，第175页。

亡也忽焉"的历史周期率。我们党明确以跳出历史周期率为战略目标，就是要通过不断总结经验教训，把握时代脉搏，不断解决自身存在的问题，加强制度建设，提高党的执政能力和领导水平，更有效地防范和化解"四种危险"，从而实现党的长期执政。

三、以跳出历史周期率为战略目标推进党的自我革命

跳出历史周期率是一个长期而艰巨的任务，发扬民主、强化监督必不可少，但最根本、最稳定、最持久的动力源自党的自我革命。习近平总书记在党的二十大报告中指出："经过不懈努力，党找到了自我革命这一跳出治乱兴衰历史周期率的第二个答案，自我净化、自我完善、自我革新、自我提高能力显著增强，管党治党宽松软状况得到根本扭转，风清气正的党内政治生态不断形成和发展，确保党永远不变质、不变色、不变味。"[①] 自我革命就是补钙壮骨、排毒杀菌、壮士断腕、去腐生肌，不断清除侵蚀党的健康肌体的病毒，不断提高自身免疫力，防止人亡政息，其实质就是坚持真理、修正错误。党的十八大以来，以习近平同志为核心的党中央始终秉持强烈的问题意识和忧患意识，创造性提出一系列管党治党、兴党强党的新理念新思想新战略，形成了习近平总书记关于党的自我革命的重要思想，并在实践中取得了重要成绩。在二十届中央纪律检查委员会第三次全体会议上，习近平总书记深刻阐述党的自我革命的实践要求，明确了推进自我革命"以跳出历史周期率为战略目标"，标志着我们党对自我革命的规律性认识达到新高度，为推进新时代党的自我革命伟大实践提供了目标

---

① 习近平：《高举中国特色社会主义伟大旗帜　为全面建设社会主义现代化国家而团结奋斗——在中国共产党第二十次全国代表大会上的报告》，人民出版社2022年版，第14页。

指引。我们要深刻认识和把握这一实践要求的重大意义，始终坚持目标导向，开辟了自我革命的新境界，不断巩固党的长期执政地位。

（一）深化党的政治建设，夯实执政根基

习近平总书记强调："我们把党的政治建设作为党的根本性建设，始终摆在首位，旗帜鲜明坚持和加强党的领导，严肃党内政治生活，净化修复政治生态，推动全党增强'四个意识'、坚定'四个自信'、做到'两个维护'、紧密团结在党中央周围，实现党的团结统一。"[①]政治属性是政党第一位的属性，政治建设是政党建设的根本要求。我们党作为马克思主义政党，旗帜鲜明讲政治是我们党的根本要求、优良传统和突出优势。我们党自诞生之日起，便始终坚守着先进的政治纲领，秉持着鲜明的政治路线，坚守着坚定的政治立场，执行着严明的政治纪律，以此统一全党意志，凝聚全党力量，确保全党上下同心同德，步调一致，不断克服前进道路上的艰难险阻，从胜利走向胜利。党的十八大以来，以习近平同志为核心的党中央全面加强党的领导和党的建设，坚持把政治建设摆在首要位置，以党的政治建设统领党的建设各项工作，坚决维护党中央权威和集中统一领导，严明党的政治纪律和政治规矩，把党的领导落实到管党治党、治国理政各领域各方面各环节。不仅使党内政治生活焕发新气象，党内政治生态明显好转，党更加坚强有力，焕发出新的强大生机活力，还在不断推进党的建设的伟大工程中实现马克思主义党建理论的新飞跃，不断提升我们党对自身建设规律认识的新高度。

不断加强党的政治建设，是新时代推动全面从严治党向纵深发展的迫切需要，也是完成新时代党的历史使命的重要保障。首先，坚持

---

① 习近平：《健全全面从严治党体系　推动新时代党的建设新的伟大工程向纵深发展》，《求是》2023年第12期。

党中央权威和集中统一领导。党的领导的最高原则是坚持党中央权威和集中统一领导，需要牢固树立"四个意识"，明确领导核心；坚定执行党的政治路线，把坚持党中央权威和集中统一领导，落实在行动上；严格遵守政治纪律和政治规矩，特别是政治纪律。政治纪律是最根本、最关键的纪律，遵守党的政治纪律是遵守党的全部纪律的重要基础。其次，严肃党内政治生活。这是全面从严治党的基础，是我们党坚持党的性质和宗旨的重要法宝，也是我们党实现自我净化、自我完善、自我革新、自我提高的重要途径。严肃党内政治生活，要坚持以实事求是、理论联系实际、密切联系群众、批评和自我批评、贯彻民主集中制、严明党的纪律等为主要内容的党内政治生活基本规范。再次，提高党员领导干部政治觉悟和政治能力。党员领导干部是党执政兴国的骨干力量，全面推进依法治国，必须紧紧抓住领导干部这个"关键少数"。提高党员领导干部政治觉悟和政治能力不仅要树立政治思维，践行政治忠诚，还要强化政治担当，提高政治能力。最后，发展积极健康的党内政治文化。政治文化是政治生活的灵魂，不仅影响全党同志的价值取向和行为方式，还影响着党内政治生态状况。发展积极健康的党内政治文化要弘扬共产党人价值观，坚决抵制和反对各种庸俗、腐朽文化的侵蚀，加强政治信仰教育。

（二）提升全党思想理论水平，筑牢思想基础

思想建设是党的基础性建设。我们党之所以能够完成近代以来各种政治力量不可能完成的艰巨任务，与我们党始终坚持思想建党、理论强党密不可分。习近平总书记指出："回顾党的奋斗历程可以发现，中国共产党之所以能够历经艰难困苦而不断发展壮大，很重要的一个原因就是我们党始终重视思想建党、理论强党，使全党始终保持统一的思想、坚定的意志、协调的行动、强大的战斗力。"①思想建设，就是在全党牢固树立共产主义理想信念，牢固树立全心全意为人民服务根本宗旨，解决好全体党员世界观、人生观、价值观这个"总开关"问题。党的十八大以来，以习近平同志为核心的党中央强调"全面加强党的思想建设，坚持用新时代中国特色社会主义思想统一思想、统一意志、统一行动"②，用党的创新理论武装全党，推进学习型政党建设，党员干部的理论水平进一步提升，对马克思主义的政治信仰更加坚定，党员干部特别是领导干部从思想上正本清源，为党分忧、为国奉献、为民造福的担当精神不断增强。在风浪考验中立住脚，在诱惑"围猎"前定住神，在复杂严峻斗争中把稳舵的政治本色不断彰显。

当前，国际国内形势发生了深刻变化，我们党面临新风险新挑战。在这样的形势下，我们党要始终赢得人民的拥护、巩固长期执政地位，就必须推进全面从严治党，不断提升全党思想理论水平，大力倡导共产党人价值观，建立能肩负起跳出治乱兴衰历史周期率的坚强政党。全党要把习近平新时代中国特色社会主义思想的世界观、方法论和贯穿其中的立场观点方法转化为思想武器，内化于心、外化于行，"要全面学习领会新时代中国特色社会主义思想，全面系统掌握这一思想的基本观点、科学体系，把握好这一思想的世界观、方法论，坚持好、运用好贯穿其中的立场观点方法，不断增进对党的创新理论的政治认同、思想认同、理论认同、情感认同，真正把马克思主义看家本领学

---

① 习近平：《在纪念马克思诞辰200周年大会上的讲话》，人民出版社2018年版，第24页。

② 习近平：《高举中国特色社会主义伟大旗帜　为全面建设社会主义现代化国家而团结奋斗——在中国共产党第二十次全国代表大会上的报告》，人民出版社2022年版，第65页。

到手，自觉用新时代中国特色社会主义思想指导各项工作"①。首先，深入学习习近平新时代中国特色社会主义思想。习近平总书记指出："党的二十大报告明确指出，'十个明确'、'十四个坚持'、'十三个方面成就'概括了这一思想的主要内容。"②其中，"十个明确"是习近平新时代中国特色社会主义思想的核心内容，"十四个坚持"是"基本方略"，"十三个方面成就"是重要组成部分，系统掌握这一思想就要学习这些核心内容。其次，深刻领会习近平新时代中国特色社会主义思想。习近平总书记指出："学深悟透新时代中国特色社会主义思想，还必须把握这一思想的世界观、方法论和贯穿其中的立场观点方法。党的二十大报告提出了继续推进理论创新的科学方法，即必须坚持人民至上、必须坚持自立自信、必须坚持守正创新、必须坚持问题导向、必须坚持系统观念、必须坚持胸怀天下。这'六个必须坚持'，也是新时代中国特色社会主义思想的立场观点方法的重要体现。只有准确把握包括'六个必须坚持'在内的新时代中国特色社会主义思想的立场观点方法，才能更好领会这一思想的精髓要义，才能把思想方法搞对头，认识问题才站得高，分析问题才看得深，开展工作也才能把得准，确保张弛有度、收放自如。"③所以不仅要系统学习这一思想，还要注重把握这一思想的内在逻辑和精神实质，准确把握包括"六个必须坚持"在内的新时代中国特色社会主义思想的立场观点方法。最后，全面贯彻习近平新时代中国特色社会主义思想。学习理论的目的是指导实践，因此要将所学理论知识与实际工作相结合。在实践中，要始终坚持人

---

①　习近平：《在学习贯彻习近平新时代中国特色社会主义思想主题教育工作会议上的讲话》，人民出版社2023年版，第8页。

②　习近平：《在二十届中央政治局第四次集体学习时的讲话》，《求是》2023年第10期。

③　习近平：《在二十届中央政治局第四次集体学习时的讲话》，《求是》2023年第10期。

民至上的价值追求，以人民为中心的发展思想为指导，推动各项工作取得新成效。同时，要注重加强调查研究，深入了解实际情况，为制定科学决策提供依据。

（三）健全党的自我革命制度规范，强化制度保障

党的二十大报告首次提出"完善党的自我革命制度规范体系"并进行专门部署："坚持制度治党、依规治党，以党章为根本，以民主集中制为核心，完善党内法规制度体系，增强党内法规权威性和执行力，形成坚持真理、修正错误，发现问题、纠正偏差的机制。"[①]制度事关根本、事关长远，党内法规是党的自我革命制度规范的高级形态。党的十八大以来，党中央坚持以党内监督为主导，不断健全党的组织法规、领导法规、自身建设法规、监督保障法规，形成了比较完善成熟的党内法规体系，构建起了党统一领导、全面覆盖、权威高效的监督体系，广大党员干部按制度办事、按规矩用权的意识显著增强，有规不依、执法不严的现象得到有力纠正，违规违纪的党员干部受到严肃查处，管党不力、治党不严的问题得到有效解决，党的建设科学化、制度化、规范化水平明显提高。党中央以跳出历史周期率为战略目标推进党的自我革命需要不断完善党的自我革命制度规范体系，要求在已形成比较完善的党内法规体系基础上，聚焦自我革命这一实践主题，完善规范、健全制度、建构体系，在实现"四个自我"上持续发力。

不断完善党的自我革命制度规范体系是党的十八大以来党的建设理论创新、制度创新、实践创新的必然要求。首先，明确基本准则，引领制度正确发展。保障党的自我革命制度规范体系沿着正确的方向

---

① 习近平：《高举中国特色社会主义伟大旗帜　为全面建设社会主义现代化国家而团结奋斗——在中国共产党第二十次全国代表大会上的报告》，人民出版社2022年版，第65—66页。

发展。坚持党的领导，坚持以习近平新时代中国特色社会主义思想为指导，确保党的自我革命制度规范体系始终体现党的统一意志，坚持思想建党和制度治党紧密结合，不断梳理总结理论创新成果；以党章为根本。党章是所有党内法规的源头，是制定一切党内法规的基本依据。党的自我革命制度规范在完善过程中全面贯彻党章中关于党的性质宗旨、路线方针等重要内容，推动将党章的各项规定和要求精准细化并贯彻于制度规范体系的各个环节和层面；坚持以民主集中制为核心。加强各级党组党委对完善党的自我革命制度规范体系的集体领导，科学实行个人分工负责，推动党的自我革命制度规范体系完善工作的协调高效运转。

其次，提升立规标准，完善制度规范体系。这是提高党的自我革命制度规范体系科学性的重要手段。强化制度建设，加固薄弱环节。守正创新整合完善已有的党内法规制度，审时度势制定新的党内法规制度，完善党的自我革命的主体制度，强化党的纪律建设制度规范，健全反腐败斗争制度机制，健全党统一领导、全面覆盖、权威高效的监督体系，构建党中央集中统一领导下的全方位监督格局，保证制度体系的整体性和完整性，完善权力运行制约和监督机制；优化制度衔接配套，完善制度规范体系。完善党的自我革命制度规范体系，要解决结构不合理、制度不配套等问题，增强制度规范体系的整体功能。做好党内制度之间的配套衔接，加强党内制度与国家法律之间的衔接和协调。

最后，加强制度执行，确保制度落地生根。制度的生命力在于执行。推动制度规范落实，确保制度优势转化为治理效能的前提是增强党员干部的制度意识，坚定制度自信，并转化为思想自觉和行动自觉。还需要在制度执行过程中及时纠正理解偏差等突出问题，坚决维护制度的严肃性和权威性。

（四）加强党风廉政建设，营造良好政治生态

党的十八大以来，以习近平同志为核心的党中央深刻总结党的百年奋斗历史经验，把反腐败斗争提升到最彻底的自我革命新高度。在体制机制上，党中央坚持依规治党和依法治国相统一，统筹推进反腐败的党内法规和国家立法一体建设，制定和修订了诸多党纪处分条例、党内监督条例、问责条例等党内法规，健全纪检监察法规制度体系，完善请示报告制度。在健全相关制度的同时，不断健全反腐败体制和工作机制，构建起了党中央统一领导、各级党委统筹指挥、纪委监委组织协调、职能部门高效协同、人民群众参与支持的工作体系，将党对反腐败工作的统一领导具体化、程序化、制度化。在贯彻落实上，坚持重遏制、强高压、长震慑，受贿行贿一起查，查处了一大批政治问题和经济问题交织的腐败问题，有力遏制了腐败增量，有效清除了腐败存量，反腐败斗争取得压倒性胜利并全面巩固。

党的十八大以来在反腐败斗争方面取得了显著成绩，但形势依然严峻复杂。习近平总书记指出："经过新时代十年坚持不懈的强力反腐，反腐败斗争取得压倒性胜利并全面巩固，但形势依然严峻复杂。我们对反腐败斗争的新情况新动向要有清醒认识，对腐败问题产生的土壤和条件要有清醒认识，以永远在路上的坚韧和执着，精准发力、持续发力，坚决打赢反腐败斗争攻坚战持久战。"[①]当前，新型腐败、隐性腐败花样翻新，并呈现出权力变现期权化、风腐交织一体化等新特点，所以我们要高度重视腐败的顽固性和危害性，认识到反腐败斗争任务依然艰巨。首先，坚守严的基调，持续推进严的措施，营造长期严的

---

① 习近平：《深入推进党的自我革命　坚决打赢反腐败斗争攻坚战持久战》，《人民日报》2024年1月9日。

氛围。这是我们在全面从严治党新形势下必须长期坚持的重要原则。坚守严的基调，就是要始终保持对腐败问题的高压态势，坚持无禁区、全覆盖、零容忍，严肃查处各类违纪违法行为，让党员干部时刻感受到纪律的威严和法律的震慑；持续推进严的措施，就是要不断完善制度机制，强化监督执纪问责，确保各项规定落地生根。同时，要加大对重点领域和关键环节的监督力度，加强日常监管和专项检查，及时发现问题、纠正偏差；营造长期严的氛围，就是要通过加强宣传教育、弘扬廉政文化等方式，引导党员干部树立正确的价值观和行为准则，增强自律意识和拒腐防变能力。同时，要建立健全群众参与机制，鼓励和支持群众积极参与反腐败斗争，形成全社会共同参与的良好局面。

其次，推进反腐败规范化、法治化、正规化建设。这是落实党风廉政建设和反腐败斗争的重要保障。健全反腐败法规制度，健全惩治行贿的法律法规，完善惩治商业腐败法律法规；通过发布指导性文件、典型案例等方式加强对反腐败法律适用的指导；通过思想淬炼、政治历练、实践锻炼、专业训练等方式，打造依规依纪依法履职的反腐败干部队伍。最后，全面推进精神堤坝建设，坚决守住拒腐防变防线。这是铲除腐败问题产生的土壤，深化标本兼治，夺取反腐败斗争压倒性胜利的根本举措。习近平总书记多次强调："新征程反腐败斗争，必须在铲除腐败问题产生的土壤和条件上持续发力、纵深推进。"①坚持党中央对反腐败工作的全面集中领导，充分展现党的领导核心作用，构建权责清晰、协同高效的管党治党责任体系，持续巩固并深化全党上下齐心协力、共同推进反腐败斗争的生动实践；拓展反腐败斗争的深度广度，紧盯重点对象、突出重点领域、严查重点问题，持续盯住"七

---

① 习近平：《深入推进党的自我革命　坚决打赢反腐败斗争攻坚战持久战》，《人民日报》2024年1月9日。

个有之"问题；一体推进"三不腐"，深化标本兼治，运用"全周期管理"方式，推动联系地区加强新时代廉洁文化建设，积极营造"廉荣贪耻"的社会氛围。

（五）锻造高素质专业化干部队伍，增强组织保障

为政之要，莫先于用人。全面建设社会主义现代化国家，全面推进中华民族伟大复兴，关键在党、关键在人。关键在人，就是要建设一支党的高素质干部队伍，这是我们党的组织建设的优势所在、力量所在。习近平总书记指出："实现第一个百年奋斗目标、全面建成小康社会，进而实现第二个百年奋斗目标、实现中华民族伟大复兴的中国梦，关键在于培养造就一支具有铁一般信仰、铁一般信念、铁一般纪律、铁一般担当的干部队伍。"[1]党的十八大以来，以习近平同志为核心的党中央坚持党管干部原则，坚持新时代好干部标准，坚持德才兼备、以德为先，五湖四海、任人唯贤的用人标准，坚持事业为上、公道正派，不拘一格选人用人原则，深化干部人事制度改革，强化干部管理监督，激发干部队伍生机活力，确保党和国家各项事业顺利推进。习近平总书记提出"信念坚定、为民服务、勤政务实、敢于担当、清正廉洁"[2]的新时代好干部标准，尤其突出政治标准选贤任能，明确提出"凡提四必"要求，防止"带病提拔"。同时，进一步强化党组织领导和把关作用，纠正选人用人上的不正之风。在用人方面，坚持全面从严治吏，对干部提出了"三严三实"的要求，持续开展专项整治，不断规范清理党政领导干部在企业、社团等兼职行为，打出了整饬吏治的"组合拳"，净化了干部队伍。同时，强化干部实践锻炼，提出"三个区分开来"，保护那些作风正派、锐意进取的干部的干事积极性。在

---

① 习近平：《在全国党校工作会议上的讲话》，人民出版社2016年版，第5页。
② 《习近平著作选读》第1卷，人民出版社2023年版，第131页。

育人方面，各地各部门采取专题培训、中心组学习、辅导讲座、在线学习等方式，分期分批组织干部进行集中轮训，组织广大干部读原著、学原文、悟原理，加强党章和党规党纪教育和党员干部党性教育，把深入学习贯彻习近平总书记系列重要讲话精神教育培训不断引向深入。在党中央的坚强领导下，党员质量稳步提升，党员作用不断凸显，逐步形成一支规模适度、结构合理、素质优良、纪律严明、作用突出的党员队伍，共产党员的先锋模范作用充分彰显，党的路线方针政策和党中央决策部署得到贯彻落实。

新时代，锻造出过硬干部队伍是党和国家事业取得历史性成就、发生历史性变革的重要基石和坚强后盾。正如习近平总书记所指出的："全面建设社会主义现代化国家，必须有一支政治过硬、适应新时代要求、具备领导现代化建设能力的干部队伍。"[①]首先，重视干部作风建设。干部作风问题本质上就是党性问题，关系我们党的生死存亡，而作风问题具有顽固性和反复性，所以干部的作风建设需要坚持高标准、严要求，持之以恒地推进，确保作风建设的深入持久和取得实效，做到两手并重，既要维护并弘扬优秀传统作风，又要坚决纠正和整治不良作风。坚持弘扬党的光荣传统和优良作风，深入开展相关教育宣传，引导党员干部提高党性觉悟，锲而不舍落实中央八项规定精神，抓住"关键少数"以上率下；持之以恒纠"四风"树新风，坚决纠正形式主义、官僚主义、享乐主义和奢靡之风，坚决破除特权思想、特权行为，坚决整治群众身边的腐败和不正之风。其次，提升干部纪律意识。纪律意识不仅是一种政治觉悟，更是一种现代治理素养，推进全面从

---

① 习近平：《高举中国特色社会主义伟大旗帜　为全面建设社会主义现代化国家而团结奋斗——在中国共产党第二十次全国代表大会上的报告》，人民出版社2022年版，第66页。

严治党和社会治理现代化中，迫切需要党员干部强化纪律意识。深入推进纪律检查体制改革，推进党的纪律检查工作双重领导体制具体化、程序化、制度化；突出严明政治纪律和政治规矩，坚持纪严于法、纪在法前；强化监督执纪问责，巡视强化政治监督，正确运用监督执纪"四种形态"，切实把我国制度优势转化为治理效能，推动形成风清气正的党内政治生态。最后，加强干部实践锻炼。这是干部成长的客观规律，也是培养干部的必由之路，实践是全面增强新时代干部执政本领的根本途径。拓展年轻干部实践历练路径。建立各层级、各层次干部跨领域、跨行业、跨部门实践锻炼的综合体系，特别是促进年轻干部实践锻炼上下联动、左右贯通，在深入实践中历练成长；拓展新时代干部实践锻炼基地，加强干部多岗位锻炼，将年轻干部放到基层一线和困难艰苦的地方培养锻炼；创新干部实践锻炼模式，遵循干部的成长规律，组织领导干部以增强执政本领为重点参与实践锻炼，通过"上挂""下挂"或外地挂职、轮岗交流等模式促使干部在实践中积累工作经验；完善干部的实践锻炼机制，明确派出单位和接收单位的权限与职责，确保双方职责分明、协作高效。同时，结合党委的需求计划，构建干部实践锻炼信息共享机制，建设信息交流平台，促进信息共享与沟通，提升实践锻炼的针对性和实效性，完善干部实践锻炼岗位责任机制，确保每个岗位都有明确的职责和要求，使干部在实践锻炼中能够真正发挥作用、取得实效。

第五章

以解决大党独有难题为主攻方向

在二十届中央纪律检查委员会第三次全体会议上，习近平总书记在论述深入推进党的自我革命实践中需要把握好的九个问题时，明确提出"以解决大党独有难题为主攻方向"①，清晰回答了"深入推进党的自我革命"与"解决大党独有难题"的相互关系。从理论、历史与实践相结合的层面，回答新时代新征程深入推进党的自我革命为什么要以解决大党独有难题为主攻方向，以解决大党独有难题为主攻方向要聚焦哪些问题、从哪些方面发力，对于学习领悟习近平总书记关于党的自我革命的重要思想，推动全面从严治党向纵深发展，具有十分重要的意义。

一、"大党独有难题"的出场背景、形成原因与深刻内涵

党的十八大以来，以习近平同志为核心的党中央在思考"建设什么样的长期执政的马克思主义政党、怎样建设长期执政的马克思主义政党"②这一重大时代课题中，创造性地生成了关于"大党独有难题"的重要论断。理解"大党独有难题"的出场背景与深刻内涵，是把握"以解决大党独有难题为主攻方向"推进党的自我革命的基础和前提。

---

① 《深入推进党的自我革命　坚决打赢反腐败斗争攻坚战持久战》,《人民日报》2024年1月9日。

② 《习近平著作选读》第2卷，人民出版社2023年版，第592页。

（一）"大党独有难题"的出场背景

"大党独有难题"是党从历史和现实出发，着眼自身所处的方位、所面临的形势、所肩负的使命提出的一个原创性论断，具有特定的出场背景。

一是鲜明的历史方位。实现中华民族伟大复兴是近代以来中国人民最伟大的梦想。党领导实现伟大梦想是一个长期的过程。自党成立以来，在长期的革命、建设、改革实践中，党和国家所处的历史方位发生了多次重大变化。而中国特色社会主义进入新时代，是把握"大党独有难题"出场的首要背景。进入新时代，党领导全党全国各族人民采取了一系列的战略性举措、推进了一系列的变革性实践、实现了一系列的突破性进展、取得了一系列的标志性成果，经受住了来自政治、经济、意识形态、自然界等方面的风险挑战考验。站在新征程新起点，党的二十大报告郑重提出了"团结带领全国各族人民全面建成社会主义现代化强国、实现第二个百年奋斗目标，以中国式现代化全面推进中华民族伟大复兴"①的历史任务，深刻阐明了党领导全党全国各族人民团结奋斗的新坐标。基于对新的历史方位的把握，在清醒地认识坚持党的领导、加强党的建设存在的一系列亟待解决的矛盾的基础上，党创造性地提出"大党独有难题"，并把解决"大党独有难题"作为"实现新时代新征程党的使命任务必须迈过的一道坎"凸显出来，是党常怀远虑、居安思危忧患意识的生动体现。

二是深刻的经验教训。历史是最好的教科书，也是最好的营养剂。在系统总结历史经验、深刻反思历史教训的基础上推动党的发展、加

---

① 习近平：《高举中国特色社会主义伟大旗帜 为全面建设社会主义现代化国家而团结奋斗——在中国共产党第二十次全国代表大会上的报告》，人民出版社2022年版，第21页。

强党的建设，是中国共产党的一个优良传统。提出"大党独有难题"体现着党对古今中外政权兴衰更替经验教训的深刻把握。一方面，在反思中国历史上封建王朝兴衰更替的教训时，党深刻认识到如果"自觉解决不了自己的问题"，那就摆脱不了历史周期率的宿命，党只有始终戒奢崇俭、严以治吏、顺应民心，才能从根本上同封建王朝区别开来，才能巩固党的执政地位。另一方面，在对世界上其他国家的大党、老党尤其是苏联解体、苏共垮台的历史教训进行总结时，习近平总书记深刻认识到："古往今来，世界上的大国崩溃或者衰败，其中一个普遍的原因就是中央权威丧失、国家无法集中统一。"①"腐败问题越演越烈"，最终必然会亡党亡国。

三是重大的时代课题。在一代又一代中国共产党人的接续奋斗中，党不仅团结带领全党全国各族人民夺取了新民主主义革命的胜利，完成了向社会主义的过渡，实现了改革开放和中国特色社会主义现代化建设新时期的巨大发展，迎来了新时代中国特色社会主义的历史性变革，还经受住了历史的考验、赢得了人民的拥护，争取了党的执政地位。然而，党的执政地位并不是一劳永逸的，是要随着时代和党执政实践的变化不断加以巩固的。党的十八大以来，以习近平同志为核心的党中央始终保持"赶考"的清醒和坚定，紧紧围绕"建设什么样长期执政的马克思主义政党，怎样建设长期执政的马克思主义政党"这一重大时代课题深入推进党的建设，正是在回答好、解决好"如何实现长期执政"这一根本性问题。党的二十大把"要始终赢得人民拥护、巩固长期执政地位，必须时刻保持解决大党独有难题的清醒和坚定"②

---

① 《习近平著作选读》第2卷，人民出版社2023年版，第107页。

② 习近平：《高举中国特色社会主义伟大旗帜　为全面建设社会主义现代化国家而团结奋斗——在中国共产党第二十次全国代表大会上的报告》，人民出版社2022年版，第63页。

写入报告，体现的是党对"实现长期执政"这一重大时代课题的科学判断，是党对实现长期执政所面临的风险挑战保持高度清醒和战略坚定。

四是艰巨的现实任务。"大党独有难题"不仅是着眼新的历史方位、深刻的经验教训、重大的时代课题提出来的重要命题，也是新时代新征程的中国共产党坚定不移推进全面从严治党的战略需要。党的十八大以来，党中央以改进党的作风为切入口，全面加强党的政治建设、思想建设、组织建设、作风建设、纪律建设、制度建设，深入推进反腐败斗争，推动新时代"党要管党，从严治党"实现了历史性的变革、取得了历史性的成就。新时代新征程，全面从严治党领域仍有一些深层次的矛盾亟待破解，尤其是旧问题的反弹、新问题的出现。在二十届中央纪律检查委员会第二次全体会议上，习近平总书记再次强调要"把全面从严治党作为党的长期战略、永恒课题"[①]，要啃下"大党独有难题"这块硬骨头，突出的是党认识艰巨现实任务的清醒、克服独有难题的自觉。

（二）"大党独有难题"的形成原因

"大党独有难题"既是新时代提出的独创性论断，也是百年大党自身发展的客观必然、推进国家治理体系和治理能力现代化的实践必然，也是应对世界百年未有之大变局的主动反映。

首先，百年大党自身发展必然提出"大党独有难题"。历经百余年的风风雨雨，中国共产党已经发展成为党员队伍宏大、党的组织庞大、使命责任重大的马克思主义执政党。从党员人数看，截至2023年12月31日，中国共产党党员总数为9918.5万名；从党的组织看，截至2023年底，基层组织共517.6万个、党的各级地方委员会共3199个[②]；从使命

---

① 《一刻不停推进全面从严治党　保障党的二十大决策部署贯彻落实》，《人民日报》2023年1月10日。

② 中共中央组织部：《中国共产党党内统计公报》，《人民日报》2024年7月1日。

责任看，"为中国人民谋幸福，为中华民族谋复兴"的崇高初心使命在新时代具体化为"以中国式现代化推进中华民族伟大复兴"。但不可否认的是，党员队伍的扩大尤其是新发展党员数量的急剧增长，考验着全党永葆先进性和纯洁性；党的各级组织的发展，考验着全党的团结统一；使命责任的艰难，考验着党的执政能力和领导水平。这也正是党中央提出"大党独有难题"的客观必然。

其次，国家治理体系和治理能力现代化的要求必然催生"大党独有难题"。党的十八届三中全会提出了"国家治理体系和治理能力现代化"的重大命题，为中国式现代化指明了基本方向。其中，国家治理体系归根到底是"党领导下管理国家的制度体系"，包含着经济、政治、文化、社会、生态文明和党的建设等各领域体制机制、法律法规的安排，推进国家治理体系现代化，最根本的是要在众多的国家治理主体中抓住党的领导这个核心，以党的建设各方面制度的建立健全推动治理体系的现代化。而治理能力集中体现在党的制度优势之中，实现治理能力现代化，关键也是要把"坚持党的集中统一领导"摆在首位，建立健全坚持和加强党的领导的各项具体制度。因此，国家治理体系和治理能力现代化不仅对坚持和完善党的领导提出了更高要求，同时也更加强调制度治党、依规治党的高质量发展，必然催生党提出"大党独有难题"的论断。

最后，世界百年未有之大变局加速演变必然影响"大党独有难题"。党的十八大以来，不仅中国特色社会主义进入了新时代，国际局势也风云变幻，世界百年未有之大变局加速演变：新一轮科技革命和产业变革深入发展，国际力量对比深刻调整，和平与发展仍然是时代主题，人类命运共同体理念深入人心，国际环境日趋复杂，不稳定性不确定性明显增加。这些变化不仅深刻改变了世界各国的关系，而且深刻影响着世界社会主义的发展。在"东升西降"的大趋势面前，世界上最大的马克思主义执政党如何增强定力、逆流而上，如何向国际社会展现社会主义制度的优势、为解决人类面临的共同难题贡献智慧和力量，是对中国共产党的巨大考验。因此，"大党独有难题"也是党放眼世界、展现马克思主义政党科学性的必要之举。

（三）"大党独有难题"的深刻内涵

对"大党独有难题"内涵的思考和阐释是一个长期的过程。2019年6月，习近平总书记在中共中央政治局第十五次集体学习上提出："我们党作为百年大党，如何永葆先进性和纯洁性、永葆青春活力，如何永远得到人民拥护和支持，如何实现长期执政，是我们必须回答好、解决好的一个根本性问题。"①这"三个如何"之问，初步揭示了"大党独有难题"的内涵。2021年2月，习近平总书记在党史学习教育动员大会上指出，"我们党面临的最大风险是内部变质、变色、变味，丧失马克思主义政党的政治本色，背离党的宗旨而失去最广大人民支持和拥护"②，进一步深化了对"大党独有难题"的认识。习近平总书记在党的二十大报告中正式提出"必须时刻保持解决大党独有难题的清醒和坚定"，随后又在二十届中央纪律检查委员会第二次全体会议上围绕"大党独有难题"的形成原因、主要表现和破解之道作出"六个如何始终"的阐释，标志着党对"大党独有难题"形成了全面、系统的认识。

总之，"大党独有难题"是中国共产党作为历史长、规模大、执政久且具有重大全球影响力的世界第一大执政党，在自身发展、长期执政和全面从严治党中所面临的特殊的、不容易解决的问题之集中反映。

---

① 《习近平谈治国理政》第3卷，外文出版社2020年版，第529页。
② 《习近平著作选读》第2卷，人民出版社2023年版，第423页。

二、"以解决大党独有难题为主攻方向"推进党的自我革命的逻辑理路

深入推进党的自我革命实践"以解决大党独有难题为主攻方向"，指的是将主要的力量、资源和注意力集中在解决大党独有难题上，以此带动其他问题的解决，进而推动党的自我革命向纵深发展。"以解决大党独有难题为主攻方向"，从理论上看是运用马克思主义矛盾观认识党的自我革命作出的科学判断，从历史上看是总结百余年党的自我革命历史经验得出的科学结论，从实践上看是着眼党的自我革命的新形势新任务提出的科学战略。

（一）"以解决大党独有难题为主攻方向"是运用马克思主义矛盾观认识党的自我革命作出的科学判断

马克思主义认为，在复杂的事物的发展过程中，有许多的矛盾存在，其中必有一种是主要的矛盾，捉住了这个主要矛盾，一切问题就迎刃而解了。党的自我革命说到底是以直面问题、刀刃向内的自觉，猛药去疴、重典治乱的决心，刮骨疗毒、壮士断腕的勇气，不断发现、研究和解决党自身存在的问题，固本培元、永葆马克思主义政党的先进性和纯洁性。而不断发现和解决党自身存在的问题在其中起着领导的、决定的作用，是主要矛盾。

深入推进党的自我革命实践，是贯穿加强党的自身建设和推进党的事业全过程各方面的一项系统工程，包含坚持党中央集中统一领导、以党的自我革命引领伟大社会革命、坚持习近平新时代中国特色社会主义思想的指导、跳出历史周期率、解决大党独有难题、健全全面从严治党体系、锻造坚强组织和建设过硬队伍、正风肃纪反腐、加强自我监督和人民监督等九个方面。其中，坚持党中央集中统一领导要求

坚决维护习近平总书记党中央的核心、全党的核心地位，坚决维护党中央权威和集中统一领导，充分发挥地方党委的领导作用和基层党组织的战斗堡垒作用，其中的主要矛盾是坚持党的民主集中制与违反党的民主集中制的矛盾、维护党的团结统一与破坏党的团结统一的矛盾；以党的自我革命引领伟大社会革命要求加强党的政治建设、思想建设、组织建设、作风建设、纪律建设、制度建设，深入推进反腐败斗争，其中的主要矛盾是永葆党的先进性与纯洁性与违背党的性质、践踏党的宗旨的矛盾；坚持习近平新时代中国特色社会主义思想的指导要求坚持"两个结合"、运用习近平新时代中国特色社会主义思想的世界观和方法论研究和解决中国实际问题、回答时代课题，其中的主要矛盾是推进马克思主义中国化与思想僵化的矛盾；跳出历史周期率要求以彻底的革命精神不断增强党的自我净化、自我完善、自我革新、自我提高的能力，其中的主要矛盾是坚持彻底的革命精神与革命精神不彻底之间的矛盾；解决大党独有难题要求积极回应和解决马克思主义执政党在各个方面面临的难题、考验，其中的主要矛盾是勇于直面难题、迎接挑战与回避难题、故步自封之间的矛盾；健全全面从严治党体系要求系统地、全面地、整体地认识全面从严治党各个领域、各个部分、各个环节，推动全面从严治党体系完善发展，其中的主要矛盾是系统性地认识和健全全面从严治党体系与片面地、孤立地认识和完善全面从严治党体系之间的矛盾；锻造坚强组织和建设过硬队伍要求落实新时代党的组织路线，健全党的组织体系，加强干部队伍建设，建强基层党组织，其中的主要矛盾是组织体系健全、干部队伍过硬与部分组织体系涣散、干部素质较低之间的矛盾；正风肃纪反腐要求纯洁党的作风、严明党的纪律、铲除滋生腐败的土壤，其中的主要矛盾是作风优良、纪律严明、遏制腐败与作风不良、纪律涣散、腐败滋生之间的矛盾；加强自我监督和人民监督要求党内和党外监督相结合、上级和下级监督相结合，其中的主要矛盾是监督有力与监督缺失之间的矛盾。

可以发现，尽管这相互联系的九个方面的内在要求尤其是其中的主要矛盾不尽相同，但最终都可以聚焦和归纳到"六个如何始终"上。也就是说，大党独有难题所指明的"六个如何始终"，正是推进党的自我革命中主要矛盾的集中体现。从提出"必须时刻保持解决大党独有难题的清醒和坚定"到强调深入推进党的自我革命"以解决大党独有难题为主攻方向"，是运用马克思主义矛盾观认识党的自我革命的生动体现，也是马克思主义执政党建设理论的重大创新，标志着党对管党治党强党规律的认识达到了新高度。

（二）"以解决大党独有难题为主攻方向"是总结百余年党的自我革命历史经验得出的科学结论

敢于刀刃向内、勇于自我革命，是中国共产党的光荣传统和独特优势。纵观百余年党的奋斗历程不难发现，党刀刃向内、自我革命的实践始终是在破解党自身面临的难题、应对党自身面临的挑战的过程中不断推进和深入的。

新民主主义革命时期，党领导人民开创了以思想建党推进自我革命的成功实践，在克服党内各种非无产阶级思想、与党内"左"倾教条主义与右倾机会主义作斗争的过程中，推动了马克思主义普遍真理同中国具体实际相结合，不仅形成了毛泽东思想这一马克思主义中国化的理论成果，还确立了毛泽东在全党的核心地位、毛泽东思想的指导地位，推动实现了党在思想上政治上组织上的高度统一和空前团结。社会主义革命和建设时期，在"党要管党"思想的指导下，针对党内腐化堕落的问题和工作方式方法运用不当的倾向，通过开展"三反""五反"运动、正确处理人民内部矛盾、维护党的团结统一等举措，极大地整顿了干部队伍中居功自傲、贪图享乐、官僚主义、命令主义的不良作风，清除了组织内蜕化变质的分子，发扬了自我革命的精神，巩固了党的执政根基。改革开放和社会主义现代化建设新时期，党在实现思想路线、组织路线、政治路线拨乱反正的同时，把制度和教育作为管党治党的重要武器，创造性地出台了党内一些重要制度如《关于党内政治生活的若干准则》（1980）、《中共中央关于加强党同人民群众联系的决定》（1990）、《中共中央关于加强和改进党的作风建设的决定》（2001）、《中国共产党党内监督条例（试行）》（2003）、《中国共产党巡视工作条例（试行）》（2009）等，为纠正党内的不正之风和腐败问题提供了重要的制度规范，推动了党的建设科学化、制度化、规范化。中国特色社会主义进入新时代，紧紧围绕"建设什么样长期执政的马克思主义政党、怎样建设长期执政的马克思主义政党"这个重大时代课题，以习近平同志为核心的党中央以加强党的作风建设为切入口，向党内歪风邪气、顽瘴痼疾尤其是腐败毒瘤亮剑开刀，触及了管党治党的根本，清除了党内存在的严重隐患，化解了党面临的政治风险，探索出了依靠党的自我革命跳出历史周期率的又一大成功路径。

纵观百余年党的自我革命历程不难发现，尽管不同历史时期党推进自我革命的背景、举措、特征等不尽相同，但都是以解决党在不同历史时期存在的突出问题为出发点和落脚点的。与此同时，尽管不同时期党面临的难题的表现形式、严重程度等不尽相同，但最终都可以归纳到"六个如何始终"上来。因此，"以解决大党独有难题为主攻方向"是对百余年党一以贯之推进自我革命经验的深入总结，是推动党的自我净化、自我完善、自我革新、自我提高的主要着力点。

（三）"以解决大党独有难题为主攻方向"是着眼党的自我革命的新形势新任务提出的科学战略

全面建设社会主义现代化国家、全面推进中华民族伟大复兴，关键在党。经过百余年的奋斗与发展，中国共产党已经成为世界最大的马克思主义执政党。然而，在人类社会几百年的政党政治中，那些曾经朝气蓬勃、生机盎然的大党老党最终折戟沉沙、日薄西山甚至深陷沉疴的教训，也必然引起中国共产党的深省。习近平总书记指出："我们党是世界上最大的政党，大就要有大的样子，同时大也有大的难处。"①

党的二十大报告指出："我国发展进入战略机遇和风险挑战并存、不确定难预料因素增多的时期，各种'黑天鹅'、'灰犀牛'事件随时可能发生。我们必须增强忧患意识，坚持底线思维，做到居安思危、未雨绸缪，准备经受风高浪急甚至惊涛骇浪的重大考验。"②正如在茫茫大海上的航船，新时代新征程上的中国共产党面临的矛盾是更加尖锐的、风险是交织叠加的。一方面，党面临着国际上风高浪急甚至惊涛骇浪的重大考验；另一方面，党还要应对国内的一些重大风险。除此以外，新时代的中国共产党还要着眼党内存在的政治不纯、思想不纯、组织不纯、作风不纯等突出问题，解决一些深层次的矛盾，如政治上如何对党绝对忠诚、如何把"两个确立"的政治意识自觉转化为做到"两个维护"的实际行动，思想上如何坚定理想信念、坚守共产主义远大理想和中国特色社会主义共同理想，组织上如何落实新时代党的组织路线，作风上如何始终保持党同人民群众的血肉联系，等等。这些问

---

① 《习近平著作选读》第2卷，人民出版社2023年版，第105页。
② 习近平：《高举中国特色社会主义伟大旗帜　为全面建设社会主义现代化国家而团结奋斗——在中国共产党第二十次全国代表大会上的报告》，人民出版社2022年版，第26页。

题正如海上的暗礁、风雨，解决这些问题唯有集中精力办好自己的事。

三、"以解决大党独有难题为主攻方向"推进党的自我革命的内在要求

深入推进党的自我革命实践"以解决大党独有难题为主攻方向"，要把管党治党的主要精力聚集在"六个如何始终"上。

（一）在价值引领上，聚焦"如何始终不忘初心、牢记使命"

党的初心，是党的本心、党的本性，是党一经成立就确立的远大理想并为之持之以恒、不懈奋斗的根本愿望和愿景，集中体现为党"为中国人民谋幸福，为中华民族谋复兴"的性质宗旨、理想信念和奋斗目标。在长期的革命、建设、改革实践中，中国共产党之所以"能"，就在于对最广大人民根本利益的维护、对党和国家、民族最根本利益的维护。党的初心使命旗帜鲜明地回答了中国共产党是什么、要干什么这个根本问题。因此，"如何始终不忘初心、牢记使命"[①]是"以解决大党独有难题为主攻方向"推进党的自我革命在价值层面的要求。

"不忘初心、牢记使命"始终作为一种价值引领贯穿党的百年奋斗历程。新民主主义革命时期，党把推翻压在中国人民和中华民族身上的三座大山作为根本目标，彻底扭转了近代以来国家蒙辱、人民蒙难、文明蒙尘的命运；社会主义革命和建设时期，党不仅建立了社会主义制度，还开创了以"五年规划"推进中国式现代化的篇章，人民的物质生活和精神面貌焕然一新；改革开放和社会主义现代化建设新时期，党聚焦"解放生产力，发展生产力，实现共同富裕"这个社会主义的本质要求，全方位地提高了人民的生活水平，使那些困扰中国人民和

---

① 《一刻不停推进全面从严治党　保障党的二十大决策部署贯彻落实》，《人民日报》2023年1月10日。

中华民族的贫困问题一去不复返了；中国特色社会主义新时代，党和国家事业取得历史性成就、发生历史性变革，人民对美好生活的向往不断丰富和实现。百余年来，无论环境多么恶劣、道路多么曲折，党始终聚焦"人民幸福、民族复兴"这个根本导向，通过理论武装、整党整风、党内集中教育等方式，把永葆初心使命作为党的建设的一项根本任务常抓不懈，并在新时代把守初心担使命的政治号召上升为制度规范，推动了"不忘初心、牢记使命"成为贯穿推进党的自我革命的重大政治要求和鲜明价值标识。

当前，党越是长期执政，越要永葆马克思主义政党的本色，越不能忘记初心使命。在长期执政条件下，各种违背初心和使命的危险无处不在，如果不严加防范并及时整治，可能酿成全局性、颠覆性的灾难。理论和实践都表明，如何始终不忘初心、牢记使命，是直接关乎党不变质、不变色、不变味的重大问题。深入推进党的自我革命实践，要在价值引领上聚焦"如何始终不忘初心、牢记使命"，着眼当前部分党员个体初心使命与全党初心使命不一致、部分党组织的初心使命与党中央的初心使命不一致、少数党员初心使命与多数党员初心使命不一致等不良倾向，用"为中国人民谋幸福、为中华民族谋复兴"的理念感召全党、制度规范全党，使党的价值目标永葆先进纯洁、历久弥坚。

（二）在集中统一上，聚焦"如何始终统一思想、统一意志、统一行动"

思想统一、意志统一、行动统一是党团结奋斗的力量源泉，而其中起基础性作用的是思想上的统一。打好思想统一这个基础，不仅有赖于先进理论武装全党、教育全党，还必须建立严密的组织体系、健全党的民主集中制、严明党的纪律等，进而实现全党意志的坚定、行动的一致。"如何始终统一思想、统一意志、统一行动"①回答的是党如何团结得像一块钢铁、如何团结得像一个人的问题，是"以解决大党独有难题为主攻方向"推进党的自我革命在集中统一上的要求。

保证党的高度集中统一，实现党在思想上、意志上、行动上的一致，是中国共产党的不懈追求。在长期的革命、建设、改革实践中，党逐步探索建立了一系列实现党的高度集中统一的机制，如不断地推进马克思主义中国化、时代化、大众化，与时俱进地确立党的指导思想，用党的创新理论武装全党、教育人民；建立健全从中央到地方再到基层的党的组织体系，健全党的工作机关，要求党的各级组织严格落实民主集中制，建立健全重大事项请示报告制度；制定并执行严明的纪律，尤其突出党的各级组织对党的政治纪律和政治规矩的遵守。进入新时代，以习近平同志为核心的党中央不仅重申"党的团结统一是党的生命"②，而且对全党提出了深刻领悟"两个确立"的决定性意义、牢固树立"四个意识"、自觉坚定"四个自信"、坚决做到"两个维护"的政治要求，推动党的集中统一得到了革命性锻造。总之，历史和实践都充分证明，全党思想统一、意志统一、行动统一是党在团结的基础上积极发扬斗争精神，运用自身能力发现问题、解决问题、推动党的自我革命的根基。

对大党而言，思想统一、意志统一、行动统一来之不易。当前，如何在错综复杂的国内外形势下始终牢牢把握党在意识形态领域的领导权、主动权和话语权，如何在信息化时代使全体党员干部坚定理想信念，如何在新的历史起点上使全党贯彻落实党的理论和路线方针政

---

① 《一刻不停推进全面从严治党　保障党的二十大决策部署贯彻落实》，《人民日报》2023年1月10日。

② 《习近平著作选读》第2卷，人民出版社2023年版，第554页。

策以及重大决策部署等，都是保证党的高度集中统一不能忽视的风险点。"以解决大党独有难题为主攻方向"深入推进党的自我革命实践，在集中统一上要聚焦"如何始终统一思想、统一意志、统一行动"这个根本问题，从党自身出发，着力克服"四个意识"不强、"七个有之"以及无视党的政治纪律和规矩等一系列有损党的集中统一的问题，将全党锻造成一块攻无不克、战无不胜的坚硬钢铁。

（三）在本领锻造上，聚焦"如何始终具备强大的执政能力和领导水平"

执政能力一般指以执政党为主体、以国家权力系统为客体的执政党执掌国家政权的能力。而党的领导水平直接关乎党的执政地位、关乎党和国家事业的兴衰成败。党的执政地位不是与生俱来的，党的执政能力和领导水平建设也不是一劳永逸的。世界上不少大党老党正是由于长期执政、承平日久而导致思维僵化保守、改革停滞不前，最终失去了执政地位。"如何始终具备强大的执政能力和领导水平"[1]回答的是党如何顺应潮流、把握规律、巩固长期执政地位，是"以解决大党独有难题为主攻方向"推进党的自我革命在本领锻造上的具体要求。

中国共产党作为肩负着崇高使命的大党，既要政治过硬，也要本领高强。新时代新征程，以中国式现代化全面推进中华民族伟大复兴的战略目标对党的执政能力和领导水平提出了更高的要求。当前，党员干部中还有一些与推动实现党的使命所需要的能力和水平不相适应的地方，如有的领导干部还停留在传统思维上，没有向现代化方向转变；有的领导干部推进现代化建设的能力还不强；有的领导干部克服本领恐慌的能动性还不足，等等。"以解决大党独有难题为主攻方向"

---

① 《一刻不停推进全面从严治党　保障党的二十大决策部署贯彻落实》，《人民日报》2023年1月10日。

推进党的自我革命，在本领锻造上要聚焦"如何始终具备强大的执政能力和领导水平"，实现重大现实需求与现实政治责任的有机统一、实现党的自我革命与社会革命的协同推进。

（四）在永葆精神上，聚焦"如何始终保持干事创业精神状态"

我们党之所以历经百年而风华正茂、饱经磨难而生生不息，就是凭着那么一股革命加拼命的强大精神。精神是一个政党、国家赖以长久生存的灵魂，无论是黄炎培提出的历史周期率的一般表现，还是习近平总书记所总结的实现政权长治久安的"四个不容易"，摆在首位的都是精神状态问题，这也反映了其在政党、政权发展中的重要作用。"如何始终保持干事创业精神状态"[①]回答的是党在任何形势、任何环境面前如何始终朝气蓬勃、艰苦奋斗，是"以解决大党独有难题为主攻方向"推进党的自我革命在永葆精气神方面的要求。

回顾党的历史不难发现，中国共产党成立以后，全党全军就是凭着一股劲、一股革命热情、一股拼命精神，在大革命时期、土地革命时期、抗日战争时期、解放战争时期顽强拼搏、英勇斗争，推翻了压在中国人民和中华民族身上的三座大山，把革命干到了底。新中国成立以后，全党又坚持"两个务必"的优良作风，在全国范围内完成了三大改造、建立了社会主义制度，开创了以"五年计划"推进中国式现代化的伟大实践。改革开放以后，党又继承和发扬先进精神，领导各条战线上的先进典型凭借改革的东风极大地推动了社会生产力的发展，同时下大力气推进了党风廉政建设和反腐败斗争，把党建设成了中国特色社会主义事业的坚强领导核心。党的十八大以来，党中央有效治理和防范了大党安于现状、精神懈怠、担当不足等危险，淬炼

---

① 《一刻不停推进全面从严治党　保障党的二十大决策部署贯彻落实》，《人民日报》2023年1月10日。

了全党干事创业的精神状态。可以说，永葆干事创业的精神，正是党永葆朝气、永葆青春的精神密码。

当前，党员干部中也出现了一些承平日久、不思进取的心态，产生了一些贪图享乐、骄傲自满的情绪，暴露了一些缺乏攻坚克难锐气和斗志的问题，习近平总书记多次引用"温水煮青蛙"的故事，谆谆告诫全党不能怡然于身边的温婉之境，"要居安思危，时刻警惕我们这个百年大党会不会变得老态龙钟、疾病缠身"。①"以解决大党独有难题为主攻方向"深入推进党的自我革命实践，要在永葆精神上聚焦"如何始终保持干事创业精神状态"，确保全党功成名就时还能居安思危、保持创业初期励精图治的精神状态，执掌政权后还能节俭内敛、敬终如始，承平时期还能严以治吏、防腐戒奢，重大变革关头还能顺乎潮流、顺应民心，永葆党的生机与活力。

（五）在自我纠错上，聚焦"如何始终能够及时发现和解决自身存在的问题"

百余年来，党始终以前进性与曲折性相统一的观点看待自身发展中的问题，创造性地探索出了一系列发现和解决自身问题的有效机制。如坚持实事求是的思想路线，坚持用"马克思主义真理之矢"射"中国实践之的"，坚持具体问题具体分析；坚持批评和自我批评的优良作风，从团结的目的出发开展批评，发现党的领导、党的建设中存在的突出问题并加以改正，进而实现全党更高水平的团结；建立健全领导干部民主生活会制度，把民主生活会作为班子成员之间相互批评、相互提醒、查摆问题的重要方式，让领导干部在严肃活泼的氛围中担当责任、主动作为；建立健全党内巡视巡察制度，聚焦政治监督开展巡

---

① 《习近平著作选读》第2卷，人民出版社2023年版，第561页。

视，进而发现问题、形成震慑，推动改革、促进发展；在重大历史关头制定历史决议，对党的历史上的重大事件、重要人物等作出实事求是、恰如其分的评价，以总结经验、吸取教训、团结一致向前进，等等。长期以来，自我纠错已经成为刻进中国共产党人骨子里的优良政治品质。

新时代新征程，我们必须清醒地看到，仍有一些党员干部"容易在执政业绩光环的照耀下，出现忽略自身不足、忽视自身问题的现象"。"以解决大党独有难题为主攻方向"深入推进党的自我革命实践，要在自我纠错上聚焦"如何始终能够及时发现和解决自身存在的问题"①，对"四大考验""四个危险"准确预判、清醒认知、精准聚焦、有效应对，防止小问题变成大问题、小管涌变成大塌方，坚持不懈地同党自身存在的问题作斗争。

（六）在生态涵养上，聚焦"如何始终保持风清气正的政治生态"

政治生态和自然生态一样，稍不注意，就很容易受到污染，一旦出现问题，再想恢复就要付出很大代价。历史和实践充分证明，政治生态清明，从政环境就优良；反之，从政环境就恶劣。"如何始终保持风清气正的政治生态"②是"以解决大党独有难题为主攻方向"在生态涵养上的鲜明要求。

尽管"党内政治生态"这一重大命题产生于新时代，但其建设历程却是与百余年时空向度下党的建设布局演进相契合的。历经百年风雨，党内政治生态建设形成了体系化的路子。一是以纠正党内不正之风净化生态，百年来针对党内各种不正之风如个人主义、自由主义、

---

① 《一刻不停推进全面从严治党　保障党的二十大决策部署贯彻落实》，《人民日报》2023年1月10日。

② 《一刻不停推进全面从严治党　保障党的二十大决策部署贯彻落实》，《人民日报》2023年1月10日。

形式主义、官僚主义、享乐主义、奢靡之风等进行了纠正，始终强调全党要永葆同人民群众的密切联系，保证了党内先进、纯洁的生态。二是以惩治贪污腐败重构生态，百年来党始终以零容忍的态度对待腐败问题，在各个时期都用非常严厉的手段惩治了贪污腐败分子，向人民展示了"共产党人没有自己的特殊利益"的坚强决心。三是以锤炼党性修复生态，百年来党始终强调加强党性修养，从理论修养、政治修养、纪律修养、道德修养、能力修养等多个方面对全体党员尤其是领导干部作出了鲜明的要求，使党的利益、国家的利益和人民的利益始终高度统一起来。四是以严肃党内政治生活营造生态，百年来党创造性地建立了党内生活的各项规则制度，不断提高党内政治生活的政治性、时代性、战斗性、严肃性，不断提高党内政治生活的质量，营造了风清气正的政治生态。五是以培育党内政治文化涵养生态，百年来党始终推动中华优秀传统文化、社会主义先进文化与党内政治文化相融相生，发挥了党内政治文化对社会文化的引领作用。营造良好政治生态，始终是保持党的先进性纯洁性、提高党的创造力凝聚力战斗力的重要条件。

"以解决大党独有难题为主攻方向"深入推进党的自我革命实践，要在生态涵养上聚焦"如何始终保持风清气正的政治生态"，着力清除影响党内政治生活的消极因素，克服一些深层次的矛盾以及容易死灰复燃、反弹回潮的老问题，以巩固党内政治生态在整体政治生态格局中主导性地位，更好发挥辐射性作用。

四、全力抓好"以解决大党独有难题为主攻方向"的着力方向

作为习近平总书记关于党的自我革命的重要思想的基本内容，"以

解决大党独有难题为主攻方向"凸显着新时代管党治党强党的战略思维、系统思维和历史思维。在深入推进党的自我革命实践中抓好解决大党独有难题这个主攻方向，要以提高政治站位、增强政治自觉为先导，以树立系统观念、加强科学谋划为重点，以完善制度供给、落实责任担当为保障，沿着习近平总书记指引的方向探索破解问题的办法，把党的伟大自我革命进行到底。

（一）提高政治站位，增强政治自觉

"以解决大党独有难题为主攻方向"作为深入推进党的自我革命的一项实践要求，内涵丰富、意义重大。新时代把握这一重要命题，首先要提高政治站位、增强政治自觉，认真学习习近平总书记关于"大党独有难题"的重要论述，深刻认识"六个如何始终"所阐释的难题表象尤其是其背后的深层次原因和矛盾，进而在实践中坚持问题导向，运用标本兼治的理念解决党的领导和党的建设中存在的突出问题，使党始终保持自我革命的生机活力，成功跳出历史周期率。

（二）树立系统观念，加强科学谋划

解决大党独有难题是一项复杂的系统工程，也是一个长期而艰巨的过程。在深入推进党的自我革命实践中牢牢把握"以解决大党独有难题为主攻方向"，既要系统把握"六个如何始终"内容上互相呼应、价值上各有侧重、实践上紧密衔接的关系，又要立足"建设什么样的长期执政的马克思主义政党、怎样建设长期执政的马克思主义政党"的重大时代课题，抓好健全全面从严治党体系这个着力点，使全面从严治党各项工作更好地体现时代性、把握规律性、富于创造性。

（三）完善制度供给，落实责任担当

把解决大党独有难题作为全面提高党的建设质量、深入推进党的自我革命的突破口，既要集中发力，又要久久为功。牢牢把握"以解决大党独有难题为主攻方向",要加快完善以党章为根本、以民主集中制为核心的内容科学、系统完备、运行有效的党的自我革命制度规范体系,明确规定在深入推进党的自我革命上各级党委的主体责任、纪检监察机关的监督责任以及党的各职能部门的重要责任,强化制度执行、推动责任落实,以汇聚应对大党独有难题的智慧、形成攻克大党独有难题的合力,使党永葆旺盛生命力和强大战斗力。

第六章

以健全全面从严治党体系为有效途径

推动构建全面从严治党体系是党的建设的一项系统性工程，要全面理解并深刻认识全面从严治党的内容要素、对象要素、责任要素、制度要素等，准确把握各要素间的内在联系并基于这种内在联系将其组合成一个完整、全面、系统的有机整体。从概念上看，全面从严治党体系，要牢牢把握其核心是加强党的领导、基础在全面、关键在严、要害在治这四个基本概念要素，将四个要素进行有机融合，推进构建全面从严治党的体系化进程。

一、健全全面从严治党体系的逻辑必然

以中国式现代化全面推进强国建设、民族复兴伟业，必须把党建设得更加坚强有力，更加自觉地以科学的态度、体系化的方式推进自我革命，确保我们党永远不变质不变色不变味。基于新时代全面从严治党的丰富经验，着眼于新时代新征程上党的建设新要求，党的二十大报告提出"健全全面从严治党体系"[①]的任务，体现了全面从严治党布局进入了新的发展阶段。2024年1月8日，习近平总书记在中国共产

---

① 习近平：《高举中国特色社会主义伟大旗帜　为全面建设社会主义现代化国家而团结奋斗——在中国共产党第二十次全国代表大会上的报告》，人民出版社2022年版，第64页。

党第二十届中央纪律检查委员会第三次全体会议上发表重要讲话，提出在深入推进党的自我革命实践中需要把握好的九个问题，其中之一是"以健全全面从严治党体系为有效途径"①。

新时代十年的伟大变革对全面从严治党展开了深入的理论探索和广泛的实践，健全全面从严治党体系，是对党的自我革命客观要求的进一步回应。习近平总书记指出："全面从严治党是新时代党的自我革命的伟大实践，开辟了百年大党自我革命的新境界。"②这一新境界，不仅使全面从严治党覆盖党的建设各方面各领域，而且还成为一种全方位全过程的自我革命。以健全全面从严治党体系为有效途径，蕴含着以习近平同志为核心的党中央对党的自我革命的规律性认识，对于深刻把握马克思主义执政党建设规律，深入推进新时代党的建设新的伟大工程，确保全党永葆初心、担当使命，具有重要意义。

第一，健全全面从严治党体系是永葆政治品格的本质条件。党的自我革命是中国共产党作为马克思主义政党的鲜明品格，其核心在于不断地进行自我批评和自我纠正，以适应新的历史条件和任务。而要永葆马克思主义政党的阶级属性和政治品格，就应当坚持系统观念，将管党治党工作体系化。健全全面从严治党体系不仅是对马克思主义政党建设规律的认识深化，更是对党的自我革命战略的具体落实，是对党的自我革命客观要求的回应。全面从严治党体系的健全，不仅要求党在各个方面进行自我革命，而且要求党在领导国家和社会发展的实践中，始终保持清醒的头脑，不断地进行自我批评和自我纠正。

第二，健全全面从严治党体系是维护党的先进性和纯洁性的必然

---

① 《深入推进党的自我革命　坚决打赢反腐败斗争攻坚战持久战》，《人民日报》2024年1月9日。

② 《习近平著作选读》第2卷，人民出版社2023年版，第588页。

选择。习近平总书记指出："要把新时代坚持和发展中国特色社会主义这场伟大社会革命进行好，我们党必须勇于进行自我革命，把党建设得更加坚强有力。"①党的先进性和纯洁性是党长期执政的生命线，要实现马克思主义政党的崇高使命，永葆先进性和纯洁性，就必须落实新时代党的建设总要求，健全全面从严治党体系，全面推进党的自我净化、自我完善、自我革新、自我提高，开展全面、深刻、彻底的自我革命。全面从严治党在党的自我革命战略性要求下，通过强化党内监督、严格党内生活、严肃党的纪律，不断清除党内存在的不良现象，提升了党的形象和公信力，增强了党的凝聚力和战斗力，确保党始终代表最广大人民的根本利益。

第三，健全全面从严治党体系是解决大党独有难题的现实需要。放眼人类历史长河，从来没有哪个政党能像中国共产党这样，始终保持自我革命精神，一次次拿起手术刀来革除自身病症，一次次靠自己解决了自身问题，进而不断提升执政能力。中国共产党作为世界上最大的马克思主义执政党，面临着叠加性风险和长期性考验，存在许多特殊的挑战和问题，这些难题在全面从严治党实践不断深化的进程中被进一步具体归纳为"六个如何始终"。经过新时代全面从严治党的实践，我们党解决了许多突出问题，但一些新的问题还在产生，我们党面临的"四大考验""四种危险"依然严峻，损害党的先进性和纯洁性的因素仍然存在。立足现实，必须健全全面从严治党体系，深入推进党的自我革命，形成一整套自我净化、自我完善、自我革新、自我提高的制度机制，为不断解决大党独有难题提供坚实的保障。

在党的自我革命的客观要求下，我们党不断发展党的建设理论，

---

① 《习近平著作选读》第2卷，人民出版社2023年版，第100页。

以丰富的管党治党实践初步构建起全面从严治党体系。新时代新征程，在对党的自我革命战略内容进一步总结、理论认识进一步深刻的基础上，健全一个布局合理、内容科学、要素齐备、统一高效的全面从严治党体系。

二、健全全面从严治党体系的认知逻辑

习近平总书记强调："全面从严治党永远在路上，党的自我革命永远在路上，决不能有松劲歇脚、疲劳厌战的情绪，必须持之以恒推进全面从严治党，深入推进新时代党的建设新的伟大工程，以党的自我革命引领社会革命。"①两个"永远在路上"的论述深刻揭示了中国共产党作为百年大党的成功秘诀，也将健全全面从严治党体系和推进党的自我革命统一起来，深刻阐释了二者之间的关系，即从严治党的百年伟大实践孕育了党的自我革命理论，党的自我革命理论为健全全面从严治党体系提供理论支撑和动力源泉。

要客观认识全面从严治党体系，其基础性问题在于弄清这是一种什么样的体系，这个体系是如何形成的，是由哪些要素组成的。因此，应该从以下几个方面出发，构建全面从严治党体系的完整认知逻辑。

（一）形成逻辑：基于中国共产党治党史的考察

中国共产党对自身的治理贯穿整个党的历史，伴随着党的发展壮大而不断演进。至党的二十大时，中国共产党已经形成了全面从严治党体系并进入了健全这个体系的新时期。从政党治理的角度来考察中国共产党建设史，可以清晰地看到，党的治理经历了四个历史时期。

---

① 习近平：《高举中国特色社会主义伟大旗帜　为全面建设社会主义现代化国家而团结奋斗——在中国共产党第二十次全国代表大会上的报告》，人民出版社2022年版，第64页。

第一个时期：新民主主义革命时期从严治党的艰辛探索。中国共产党在成立时，就面临着马克思主义经典作家在建设无产阶级政党时不曾遇到过的一个问题，那就是如何在党内工人人数很少、党员成分主要来自农民的情况下，把党建设成一个稳固的无产阶级政党的问题。以毛泽东同志为主要代表的中国共产党人艰辛探索，着重从思想上建设党，着力纠正党内各种非无产阶级思想，加强理论武装，最终完成了革命战争年代党的建设伟大工程。在此过程中，中国共产党以严格的纪律治党，建设并完善党内法规，形成了成熟的党章和党章统领之下的从严治党基本规范。面对新民主主义革命时期不同阶段党内存在的各种具体问题，全党找到了整风这一党内集中教育的有效方式，并且形成了理论联系实际、密切联系群众、批评和自我批评的三大作风。这一时期的从严治党，让中国共产党呈现出与国民党截然不同的政党形象，也为中国共产党形成强大的战斗力打下了坚实的基础，为确保革命的成功提供了坚强保障。

第二个时期：社会主义革命和建设时期从严治党的宝贵实践。在新中国成立前夕，毛泽东就在党的七届二中全会上告诫全党不要在胜利面前犯骄傲自满的错误。中国共产党人以忧患意识开启全面执政，在新中国成立之后不久，就在全党开展"三反"运动，以解决党政机关内部暴露出来的贪污、浪费现象和官僚主义问题。1950年，全党开展整风，以清除党内骄傲自满情绪和官僚主义、命令主义作风；1951年下半年到1954年春，中国共产党普遍整顿全国基层党组织；1957年4月，党中央发出关于整风运动的指示，通过开展批评和自我批评，克服党内滋长的官僚主义、宗派主义和主观主义。在1956年社会主义改造基本完成、党的八大召开后，中国共产党吸取苏联经验教训，进一步完善民主集中制，反对脱离实际、脱离群众，反对个人崇拜，推动从严治党进一步深化。这一时期的从严治党，让中国共产党始终保持了忧患意识，始终与不符合党的性质的作风、行为作斗争，从严治党成效显著，党的执政基础得到全面巩固。

第三个时期：改革开放和社会主义现代化建设新时期从严治党的进一步发展。这一时期，全党从恢复健康的党内政治生活入手，出台《关于党内政治生活的若干准则》，进而通过建章立制，完善党内选举制度，废除领导干部职务终身制，确立党政领导干部选拔任用标准，推动从严治党迈出新步伐。1983年11月至1987年5月，全党开展整党。在城市整党工作结束、农村整党工作开始之际，党中央发出《中共中央整党工作指导委员会关于农村整党工作部署的通知》，明确提出"要从严治党"①。这在党的历史上是第一次提出"从严治党"的概念。在从严治党理念的指导下，全党把党的作风上升到关系党的生死存亡的高度加以认识，在整党工作中统一思想、整顿作风、加强纪律、纯洁组织。1989年8月，党中央发出《中共中央关于加强党的建设的通知》，要求各级党委下决心解决好党的建设中的迫切问题。1992年，党的十四大修订的党章首次把"坚持从严治党"②写入总纲。2007年党的十七大明确指出，加强党的建设要"坚持党要管党、从严治党"。③

第四个时期：中国特色社会主义新时代从严治党的全面深化。党的十八大以来，管党治党工作呈现出了与以往历史时期不一样的特点，即管党治党工作更加注重从严，更加注重全面。党中央不但在文件表述中提出了"全面从严治党"，而且将其纳入"四个全面"战略布局。从管党治党的时代背景来讲，"以刀刃向内的自我革命精神全面从严治

---

① 中共中央文献研究室、国务院发展研究中心编：《新时期农业和农村工作重要文献选编》，中央文献出版社1992年版，第367页。

② 《十四大以来重要文献选编》（上），人民出版社1996年版，第54页。

③ 《十七大以来重要文献选编》（上），中央文献出版社2009年版，第38页。

党以确保党的先进性与纯洁性"是必然要求；从概念的产生来讲，"全面从严治党"是以习近平同志为核心的党中央在党的十八大以来不断酝酿，进而在2014年12月习近平总书记在江苏调研时正式提出的一个概念；从工作的推动来讲，全面从严治党要求从严治党内容无死角、主体全覆盖、贯穿全过程。上述三个角度表明，新时代的全面从严治党不仅继承了中国共产党从严治党的优良传统，而且使其具有了新时代的新特点，即主要体现在制度的周延性上、全面从严的理论和实践自觉性上。

2017年7月26日，习近平总书记在省部级主要领导干部专题研讨班上提出"推动全面从严治党向纵深发展"的要求。党的十九大报告认定并重申了这一要求，从此，党的治理进入了"纵深推进全面从严治党"新阶段。2019年10月召开的党的十九届四中全会，从完善制度体系的角度首次提出完善全面从严治党制度，并明确了基本思路，即"建立健全以党的政治建设为统领，全面推进党的各方面建设的体制机制"①。2021年中国共产党成立100周年时，党领导全国人民实现了第一个百年奋斗目标，全面建成了小康社会，从此，我国开始进入全面建设社会主义现代化国家的新征程。新时代新征程对治党系统性要求进一步提高，2022年召开的党的二十大提出了"健全全面从严治党体系"的任务，全面从严治党进入了更高水平的体系化发展阶段。

需要特别指出的是，党的十八大以来，在持续推进党的自我革命战略的进程中，我们党坚持以内容丰富而全面的实践不断推进管党治党工作体系化建设。管党治党各项工作内容涵盖了党的建设总体布局，深刻影响中国共产党治国理政的布局体系，是具有整体性和系统性的

---

① 《十九大以来重要文献选编》(中)，中央文献出版社2021年版，第274页。

治党方略。在中国共产党长期的革命、建设和改革实践中，始终坚持系统观念和运用体系化的方法，不断加强自身建设，从严管党治党，推动了党的自我革命不断发展。党的十八大以来，以习近平同志为核心的党中央站在治党治国、强党强国的战略高度，不断深化对从严治党规律的理解和把握，解决了全面从严治党"由谁治""治什么""管谁治谁""怎么治""为什么治"等一系列基本问题。

第一，确立各级党组织在全面从严治党中的主体职责，确保责任明确、任务落实，清晰界定"由谁治"的问题。习近平总书记指出："从严治党，必须增强管党治党意识、落实管党治党责任。"①这一重要战略部署明确了各级党组织的核心职责。首先，各级党组织要明确自身在全面从严治党中的主体地位。每一级党组织都是党的建设的重要力量，都应当肩负起推进全面从严治党的政治重任。中央层面要发挥领导核心作用，制定全面从严治党的大政方针，推动全党在思想上政治上行动上同党中央保持高度一致。地方党委要切实履行主体责任，把全面从严治党纳入经济社会发展总体规划。基层党组织要发挥战斗堡垒作用，把全面从严治党落实到每个支部、每名党员，确保党的基层组织全面进步、全面过硬。其次，各级党组织要明确自身的具体职责和任务。党委书记要将党建工作纳入整体工作布局，确保党建工作与业务工作同频共振、相互促进。各级纪委要切实履行监督责任，敢于监督、善于监督，确保党的纪律和规矩得到严格执行。同时，各级党组织还要加强对党员的教育、管理、监督和服务，提高党员的政治素质、业务能力和道德品质，激发党员发挥先锋模范作用的积极性、主动性、创造性。再次，各级党组织要牢固树立失职问责的意识。全

---

① 《十八大以来重要文献选编》(中)，中央文献出版社2016年版，第93页。

面从严治党是一项系统工程，需要各级党组织和广大党员干部共同努力、共同担当。如果党组织及其负责人对党的管理与治理疏忽大意，就是对党的事业的严重失职。因此，各级党组织和广大党员干部要时刻保持清醒头脑，以高度的政治自觉和行动自觉推进全面从严治党。对于失职失责的党组织和党员干部，要坚决进行问责处理，以儆效尤。

第二，完善全面从严治党的客体要素，保证治理内容全面覆盖、治理对象无遗漏，全面性系统性解决"治什么"和"管谁治谁"的问题。全面从严治党基础在"全面"，一方面，要求在党的政治建设、思想建设、组织建设、作风建设、纪律建设、制度建设和反腐败斗争做到"从严"的全覆盖，并根据党的实际情况和面临的新形势新任务，不断调整和完善治理内容。另一方面，要求将管党治党的触角延伸至全体党组织的全体党员，明确各级党组织的领导责任和各级党员的主体责任，确保每一级党组织都能切实履行好自身的职责和任务，每一名党员都能受到严格的管理和监督。

第三，积极探索全面从严治党的有效路径和方法，确保治理工作能够取得实效，针对"怎么治"的问题提出切实可行的解决方案。党的十八大以来，党中央在党内规章制度建设方面取得了显著成就，出台了一系列党内规章制度，进一步健全了党内法规制度体系，坚持思想建党与制度治党的有机结合，为全面从严治党提供了有力保障。为了深入推进全面从严治党，先后部署开展六次党内集中教育活动。这些活动旨在通过集中学习教育，用党的最新理论成果武装全党，确保全党在思想上的高度统一和行动上的一致。同时，在此过程中，注重发挥党员干部的模范带头作用，着力提高高素质干部队伍建设。在以健全党内法规制度体系和广泛开展党内集中教育活动为主要实践路径的基础上，不断总结经验、把握规律，以提高治党的系统性、前瞻性、创新性和实效性。

第四，深刻理解和把握党的领导这一全面从严治党的核心，为治理工作提供坚实的理论支撑和实践指导，明确"为什么治"的深层次原因。作为世界上最大的马克思主义执政党，面对党内外环境的深刻变化和党的自身建设的迫切需求，我们党必须始终保持清醒头脑，坚决解决大党独有难题，不断提升自身的执政能力和领导水平。坚定不移地推进全面从严治党，确保各级党委切实担负起主体责任，是加强党的领导的关键所在。只有全面落实新时代党的建设总要求，不断完善全面从严治党体系，我们党才能不忘初心、牢记使命，始终成为中国特色社会主义事业的核心领导力量。

经过长期的理论发展和实践探索，我们党已经初步建立起了一个全面从严治党的体系，这一体系不仅推动了党的各个方面建设的有机衔接和协同联动，更使党的建设质量得到了显著的提升。这一体系的形成，不仅体现了我们党对党的建设的深刻理解和全面把握，更是在新的历史条件下，中国共产党对党的建设提出的新的更高要求。在对健全全面从严治党体系的新的部署和要求中，应当准确把握党的自我革命战略思想的指导地位，以此出发推动初步构建的全面从严治党体系实现新征程上的进一步发展。

（二）内涵逻辑：基于全面从严治党体系概念要素的考察

习近平总书记指出："全面从严治党，核心是加强党的领导，基础在全面，关键在严，要害在治。"[①]据此，共有四个要素共同构成了全面从严治党的概念。

第一，"核心是加强党的领导"。一旦偏离这个核心，就偏离了全

---

① 中共中央文献研究室编：《习近平关于全面从严治党论述摘编》，中央文献出版社2016年版，第11页。

面从严治党的初衷。党的十八大以来，以习近平同志为核心的党中央将党的领导问题上升到中国特色社会主义最本质的特征和中国特色社会主义制度的最大优势的高度来认识，不但明确了党的领导的范围、内容、方式，而且明确了在党的建设中通过政治建设来加强党的领导。从历史的角度来讲，一部中国共产党建设史就是通过从严治党不断加强党的领导的历史；从现实的角度来讲，通过全面从严治党解决党内突出问题，就是为了加强党的领导，这也是全面从严治党向纵深推进必须恪守的根本政治遵循。

第二，"基础在全面"。这一要素强调的是治党的全流程、全方位、全领域都要贯彻新时代党的建设总要求，不留死角、不出漏洞，无处不在、无时不有，主要包括内容全面、对象全面、过程全面。所谓内容全面，就是管党治党要涵盖党的建设总体布局的所有方面。所谓对象全面，就是管党治党要涵盖所有党员、党组织。在党规党纪面前，不存在不受监督的特殊党员；在推动全面从严治党向基层延伸的过程中，不存在不担负责任的特殊党组织。所谓过程全面，就是在每个环节和每个阶段都要体现管党治党的高标准、严要求，防止半途而废，防止前紧后松。

第三，"关键在严"。这一要素强调的是真管真严、敢管敢严、长管长严，让严成为常态。从具体领域来讲，包括要求严、措施严、查处严。所谓要求严，就是贯彻党纪严于国法的原则，为了对党员提出比普通公民更高的要求，在党内法规制定过程中可以对一些法律尚未作出规定或者法律不适合作出规定的空白点作出相关规定以约束党员行为。所谓措施严，就是严格落实《中国共产党纪律处分条例》《中国共产党问责条例》《中国共产党党内监督条例》等党内法规，并且随着形势的发展不断适应新的要求出台新的党内法规，进一步完善干部监督管理的相关制度，形成进一步从严的态势。所谓查处严，就是要继续清存量、遏增量，锲而不舍地保持查处的力度不减，精准有效地用好监督执纪"四种形态"。

第四，"要害在治"。这一要素强调的是工作抓手，要求抓党委的主体责任、纪委的监督责任、"一把手"的领导责任，让治党落在实处。所谓党委的主体责任，就是各级党委既要切实担负起自身的管理、治理责任，确保肌体健康，也要领导好本地区、本系统、本领域的管党治党责任，避免让纪检监察机关唱"独角戏"。所谓纪委的监督责任，就是纪委要根据《中国共产党纪律检查委员会工作条例》有关规定，协助同级党委开展巡视巡察，分析党风廉政建设方面的情况，及时发现问题并向同级党委报告乃至提出意见建议；要在上级纪委的主要领导下开展同级监督，查办腐败案件。所谓"一把手"的领导责任，就是"一把手"要率先垂范，通过自身的示范作用形成上下贯通、横向联通的管党治党责任网。上述四个要素构成的全面从严治党概念，从内涵上讲是一个复合体，而"全面从严治党体系"这个概念更加强调体系化，要求上述四个要素能够进行有机组合，从而形成大于四个要素简单相加的效应，进而展现出全面从严治党的体系化形态。

（三）结构逻辑：基于党的建设总体布局和治国理政布局体系的考察

全面从严治党体系概念的提出，说明治党工作不是零碎组合，而是一整套呈现出整体性、系统性的治党方略。一方面，它首先涵盖了党的建设总体布局；另一方面，中国共产党在当代中国政治格局中的定位，在当代中国各种政治力量中的地位，在中国特色社会主义事业中发挥的作用，决定了全面从严治党体系也深刻影响着党治国理政的布局体系。

第一，全面从严治党体系涵盖了党的建设总体布局。全面从严治党体系作为一个"全面的体系"，从结构上来讲，不仅必定涵盖了党的六大建设和反腐败斗争，而且应该涵盖每一项建设下更加细分的内容。比如，全面从严治党体系在涵盖了党的政治建设的同时，也涵盖了党的政治建设中政治方向的把握、政治领导的坚持、政治能力的提高等。

第二，全面从严治党体系融入治国理政布局体系。中国共产党是中国特色社会主义事业的领导核心，也是当代中国前进方向的领导者。因此，中国特色社会主义事业"五位一体"总体布局与当代中国事业发展的"四个全面"战略布局，都应该接纳全面从严治党体系的融入，这里面不仅包含党的领导原则的融入，也包含党的工作风格、工作内容、工作理念的融入，并且是融入党治国理政行为的全过程全方位。

因此，综合上述两个方面的内容，无论是从"涵盖"方面来讲，还是从"融入"方面来讲，全面从严治党体系都不是单独性的某一个方面的行动，而是一个复合性的行动，这也生动诠释了全面从严治党体系是一个包含复杂结构和多重要素的有机整体，必须以复合性的视角审视定位。

三、着眼于党的自我革命健全全面从严治党体系

全面从严治党体系的运行是各类支撑性要素彼此联动和相互作用的过程，是一项繁杂的、动态的系统性工程。所以，从理论上讲，明确其支撑要素是全面从严治党体系发展和完善的基本前提；其运行是否高效稳定，取决于各支撑要素的自身状况和相互之间的配合状况。然而，全面从严治党体系的各类支撑要素，本身来源不同，结构功能上存在差异，只有消除这些差异带来的影响，实现最大程度的协同配

合，才能发挥每一个支撑要素的最大效能并形成整体支撑效应。

（一）全面从严治党体系支撑要素的运行样态

在马克思、恩格斯的思想蕴含着丰富的系统观念，特别是当他们站在人类社会发展的高度进行一些概念的阐述和规律的总结时，更是呈现出了明显的系统思维。比如，在阐释什么是社会时，马克思就将其描述为"一个能够变化并且经常处于变化过程中的有机体"①。在描述历史发展的动力系统时，恩格斯就将其描述为由无数个力的平行四边形融合为"一个总的合力"②的结果。借鉴马克思、恩格斯的这些思想，为了避免陷入只见树木不见森林的困境，在理解"体系"这一概念时，就必须注意各个要素之间的联系、运动、发展。

用马克思主义系统思维来考察全面从严治党体系，可以看出，支撑要素作为全面从严治党体系的要件，是这个体系运行的基本前提条件，支撑要素自身状况如何以及各个支撑要素之间协同关系如何，关系到全面从严治党体系的完善。各支撑要素不仅要实现功能转化和价值输出，也需要一个运行与整合的平台。执政党作为全面从严治党的主体，也要发挥吸纳与整合作用，让各个支撑要素协调有序运行，进而确保全面从严治党体系的功能完善和稳定运行，避免要素与要素之间出现环节的断裂。在实践中，每个支撑要素还要培养驱动主体，从而形成持久支撑力。

总体而言，全面从严治党体系内含了多个层面的支撑要素，自下而上可以分为基础层面的支撑要素、运行层面的支撑要素、保障层面的支撑要素。基础层面的支撑要素主要涉及中国共产党建立的基础，包括理论性要素即指导思想、合法性要素即民意基础、历史性要素即

---

① 《马克思恩格斯选集》第2卷，人民出版社2012年版，第84页。
② 《马克思恩格斯选集》第4卷，人民出版社2012年版，第605页。

历史选择。运行层面的支撑要素包括文化性要素、社会性要素。保障层面的支撑要素包括组织性要素、制度性要素、人才性要素。这三个层面的支撑要素在全面从严治党体系中的运行样态是：中国共产党通过理论性要素、合法性要素和历史性要素而产生，进而通过组织性要素、制度性要素、人才性要素运转起来，这构成了全面从严治党体系的内在支撑，再通过文化性要素、社会性要素获得了外在支撑；为确保各层面支撑要素实现功能强化、结构优化，要素整合平台通过对各类支撑要素的系统整合与吸纳，进一步通过实践输出形成全面从严治党的最大效能。这一系列过程的稳定有序开展，推动全面从严治党体系有效运行并不断健全，进而推动这个体系实践效能不断提升。

（二）全面从严治党体系支撑要素的运行模式

客观上来讲，全面从严治党体系三个层面的支撑要素是存在差异的，三个层面的支撑要素在实践中并不是相互割裂、互不影响的状态，而是在全面从严治党体系运转的过程中相互联系、相互作用。如何最大限度地消除全面从严治党体系三个层面支撑要素的差异，确保其相互协同、相互配合，从而形成全面从严治党体系展现出来的最大合力，需要从运行模式方面下功夫。

第一，党主导建构与推动模式。这其中，党是建构主体，各级党组织提供要素支撑。从理论上来讲，其运行过程是：首先，由各级党组织进行要素的系统构建、持续输入；其次，由要素整合平台进行处理和调试；再次，处理与调试后的要素进行转化输出；最后，基于实践效能进行信息反馈。从党的十八大以来的具体实践来讲，具体情形是：各级党组织在党中央的坚强领导下，坚持不懈深入贯彻落实中央八项规定及其实施细则精神，开展一系列党内集中教育，重拳反腐，强化党内监督，完善党内法规，共同形成合力，确保全面从严治党体系的稳定运行，从而形成了党中央领导下各级党组织通过管党治党的各个支撑要素，形成管党治党的最大合力，在此过程中不断进行信息反馈，为全面从严治党体系支撑要素的创新完善提供信息渠道。在这种模式中，"党主导"是消除全面从严治党体系三个层面支撑要素差异的重要因素，各级党组织坚持把党的利益放在第一位，共同聚焦管党治党目标，并在信息反馈闭环的作用下，不断推动全面从严治党向纵深发展。

第二，人民群众参与建构与推动模式。人民参与是中国特色社会主义制度体系的重要特征。在执政党的治党活动中，人民立场是根本立场，人民满意是最高评价标准，人民参与是提高成效的关键举措。在全面从严治党体系中，人民群众作为推动力量和参与力量，构建和形成了社会辅助支撑要素，是全面从严治党体系效能的关键影响要素。在这种模式中，人民群众的推动和参与作为相对的外来要素，被全面从严治党体系支撑要素整合平台所吸纳、整合，进而输出为全面从严治党体系的重要支撑力量并助力提升其效能，与全面从严治党体系内部三个层面支撑要素的整合处理、系统输入、实践输出形成了同频共振的状态，从而使全面从严治党体系的内部力量和外部力量共同形成了最大合力，最大限度地消除了内部支撑要素差异带来的力量抵消。

第三，党同人民群众的协作共建与推动模式。党的性质、宗旨决定了全面从严治党体系相关支撑要素的构建和运行往往并非独立开展，而是源于党同人民群众之间的互动协作。在这种协作中，由执政党主导建构的人才性要素（如优秀的组织管理人才、反腐人才）、文化性要素（如健康的党内政治文化）、历史性要素（如重视党自身建设的传统），同人民群众参与建构的人才性要素（如理论创新、宣传教育层面的各类专业型人才）、文化性要素（如中华优秀传统文化资源）、历史性要素

（如人民群众参与从严治党的历史经验）不但消除了差异，而且互相取长补短，实现深度融合，并通过创新机制、搭建互动平台等途径，为全面从严治党构筑更加全面的支撑力量。这一模式通过人才性、文化性和历史性要素的运行，实现了执政党与人民群众的紧密合作，并且使这两者形成最大合力，实际上构筑了有中国特色的执政党治理机制并彰显了其独特优势。

四、健全全面从严治党体系的实践进路

政治体系是政治行为主体所依赖存在的制度形式，是政治行为主体与政治制度的有机统一。因此，健全全面从严治党体系，除了涉及全面从严治党主体责任体系、制度体系以外，还涉及影响这两者有机统一的一系列要素，包含结构体系、监督体系、方法体系等。换句话讲，健全全面从严治党体系，要坚持内容上全涵盖、对象上全覆盖、责任上全链条、制度上全贯通，形成一个内涵丰富、功能完备、科学规范、运行高效的动态系统，为实现执政能力整体性提升提供有效路径。我们要始终沿着这一有效路径，推动全面从严治党各项工作更好体现时代性、把握规律性、富于创造性，不断提高执政能力和领导水平，走好新的赶考之路。

（一）健全全面从严治党主体责任体系

习近平总书记强调："全面从严治党是各级党组织的职责所在。"[①]《中国共产党纪律处分条例》第七十四条也专门作出规定："不履行全面从严治党主体责任、监督责任或者履行全面从严治党主体责任、监督责任不力，给党组织造成严重损害或者严重不良影响的，对直接责

---

① 习近平：《在第十八届中央纪律检查委员会第六次全体会议上的讲话》，人民出版社2016年版，第17页。

任者和领导责任者，给予警告或者严重警告处分；情节严重的，给予撤销党内职务或者留党察看处分。"①

从管党治党主体的定位来讲，各级党组织同时承担了领导主体、推动主体、工作主体、落实主体的责任，必须从主体责任的政治属性出发，以强烈的使命感推动责任落实，在方法措施上善于创新，在责任担当作为上增强勇气，在思想认识上提高站位，把全面从严治党的责任贯穿于管党治党全过程、各方面。

党组织书记作为管党治党第一责任人，要密切关注管党治党过程中的重要案件、重大问题、重点工作、关键环节，主动靠前，亲自抓部署、抓协调、抓督办，确保做到既要挂帅又要出征，切实履行好第一责任人职责。

各级纪律检查机关要履行监督责任，协助党组织协调反腐败工作和推动党风廉政建设工作，督促惩治和预防腐败工作的落实。在全面从严治党的责任体系中，党委主体责任是"纲"，发挥牵头抓总、全面领导作用；纪委监督责任是保证，发挥监督保障执行、促进完善发展作用。

（二）健全全面从严治党制度体系

制度治党是治本之举。在实践方面，健全全面从严治党制度体系，其根本前提是明确党的根本大法是党章；在这一前提下，一切制度的设计和制度的执行都必须贯彻民主集中制；同时，确立条例、准则等中央党内法规制度为主干，明确部委党内法规制度、地方党内法规制度的枝干地位，从而形成一个明确的党内法规制度体系，这个制度体系由各层级、各领域党内法规所组成而又紧密联系。之所以通过党内

---

① 《中国共产党纪律处分条例》，人民出版社2024年版，第33页。

法规来健全全面从严治党制度体系，是因为党内法规能够确保管党治党的规范性、稳定性以及制度执行力，使全面从严治党始终行进在正确的轨道上、朝着正确的方向不断前进。具体说来，就是建立和健全"1+4"为基本框架的党内法规制度体系，把"规范行为、规范监督、规范主体"的原则贯穿其中。这其中，"1"就是管党治党的总章程，即党章，这是制定其他党内法规的总依据；"4"就是指四大党内法规，即党的组织法规、领导法规、自身建设法规、监督保障法规。

"1+4"为基本框架的党内法规制度体系是全面从严治党制度体系的"四梁八柱"。在此基础上，按照查漏补缺的原则建立健全各项具体制度，着力提高制度质量，确保每项制度运转顺畅、高效。在这一过程中，按照新时代全面从严治党的要求，把党的政治建设各项要求贯彻到党的其他建设的具体制度之中，确保党内较高层次的政治主张、政治理念、政治原则通过有效的制度在党内落地落细、落实落小。

在建立健全制度的基础上，要健全制度执行机制。要把执行全面从严治党制度的情况作为各级党组织和党组织书记述职的重要内容与考核的重要方面，要通过经常性检查督办及时发现制度执行方面的问题，及时督促整改落实。

（三）健全全面从严治党结构体系

根据新时代党的建设总体布局，健全全面从严治党结构体系，一是要把政治建设作为统领。用党的政治路线引领全党前进方向，用党中央权威和集中统一领导确保全党令行禁止，用党的理想信念引导广大党员干部善于从政治上看问题。二是要把思想建设作为基础。用党的创新理论武装全党并指导党的建设，确保党的建设的科学性、系统性、革命性，解决好全面从严治党的指导思想问题和党员干部的"总开关"问题。三是要把组织建设作为保证。坚决执行新时代党的组织路线，贯彻民主集中制原则，严密党的组织体系，按照新时代好干部标准选人用人，管好领导干部和党员，把党的组织优势巩固好、发挥好。四是要把作风建设作为切入点。要吸收新时代全面从严治党的经验，从维护党的形象和涵养党内政治文化的高度推动作风建设，持之以恒，防微杜渐。五是要把纪律建设作为治本之策。要坚持遵守纪律无条件、执行纪律无例外、查处违纪无禁区，维护党的纪律的严肃性，进行经常性督促检查，确保党的纪律落地落实。六是要把制度建设贯穿其中。用制度为全面从严治党提供遵循的章法，用制度不断巩固全面从严治党的经验。七是要把反腐败斗争作为重要抓手。反腐败斗争是全面从严治党中的关键一役，要坚定不移地推进下去，要一体化推进不敢腐、不能腐、不想腐，确保反腐败斗争不松劲、不停步。从健全全面从严治党结构体系的角度讲，要增强"体系"意识，系统把握上述七个方面的内容，明确全面从严治党上述七个方面的内容不是相互割裂的，而是有机统一、相互联系的整体，必须发挥其整体协同效应。

（四）健全全面从严治党的监督体系

党的二十大报告指出："健全党统一领导、全面覆盖、权威高效的监督体系，完善权力监督制约机制，以党内监督为主导，促进各类监督贯通协调，让权力在阳光下运行。"[1]"党统一领导"，就是整个监督体系要置于党的领导之下，用党的领导统领整个监督体系。"全面覆盖"，就是应该监督到行使权力的各个方面、各个环节、各个领域，所有行使公权力的公职人员都必须接受法律的监督。"权威高效"，就是强调监督必须具有权威性和高效率，既不能让监督形同虚设，也不能让监督

---

[1] 习近平：《高举中国特色社会主义伟大旗帜　为全面建设社会主义现代化国家而团结奋斗——在中国共产党第二十次全国代表大会上的报告》，人民出版社2022年版，第66页。

难以执行，必须使监督成为硬约束和硬规范，约束党员的行为，规范各级党组织的行为。最终，建立更加完备、更加成熟、更加定型的监督制度。

健全全面从严治党的监督体系，必须准确把握监督主客体关系。监督主体在监察、督促过程中的地位是绝对的、无条件的，无论是党的组织、政府机关，还是领导干部、一般机关工作人员都必须接受监督。监督客体既要接受监督主体的监督，同时也要组织教育监督主体，增强他们的监督意识，提高他们的监督素质。因此，最终要在引导人民群众与接受人民群众监督方面形成一致，在对人民群众负责与对党负责方面形成一致。要强化审计监督，进一步深化党政领导干部经济责任审计制度，加强任中审计，依法公示审计结果，促进审计建议和审计决定的落实。加强各执纪执法机关之间的协调配合，加强相互之间的联系和沟通，及时互通情况，善于及时发现党员干部队伍中的倾向性问题和苗头性问题，并在防范措施方面加强共同研究，形成监督合力，产生监督管理的"叠加"效应。充分发挥社会监督和新闻媒体监督作用。要切实增强群众监督，着力解决群众监督存在的对权力决策参与层面不够深、不够广的问题。要畅通信访、申诉等群众监督渠道，完善群众举报网络和群众举报保护机制，实现群众监督法治化、规范化。加大协同配合力度，完善权力监督格局，整合各类监督信息资源，增强民主党派监督、舆论监督、司法监督、群众监督的协同性，统筹推进，形成监督的乘数效应。总之，健全全面从严治党的监督体系，不仅要综合运用多种党内监督手段，而且要综合运用多种党外监督手段，要坚持两手抓，两手都要硬，形成监督的最大合力。

（五）健全全面从严治党方法体系

"全面从严治党体系"概念的提出，本身就是系统观念在全面从严治党实践中的自觉运用。因此，健全全面从严治党方法体系，题中应有之义就是贯彻系统观念，为此，要避免零碎地、局部地推进全面从严治党，而是要坚持统筹兼顾、标本兼治、综合施策，从而有效破解制约全面从严治党向纵深发展的问题，把我们党建设成世界上最强大的马克思主义执政党。

第一，坚持全面与重点相结合。在推进全面从严治党的实践中，既要看到主要矛盾，也要看到次要矛盾，要坚持整体推进与重点突破相结合。比如，关于党员队伍的治理问题，既要抓住党员领导干部这个"关键少数"，又要管住全体党员这个"绝大多数"，要通过抓"关键少数"来解决"绝大多数"存在的问题。

第二，坚持治标和治本相结合。在全面从严治党的实践中，既要着眼于解决党内存在的突出问题，也要从构建有效管党治党措施的角度去挖掘深层次问题。这就要求对党内存在的各种问题既要以严的措施来纠正，做到执法从严、执纪从严，也要以切实的制度构建来铲除党内这些问题产生的深层次根源。坚持治标与治本从严，从实践上提出了一个命题，那就是在全面从严治党的实践中，有些措施既是治标之举，也是治本之策，要多从制度构建的角度去构建治标之举和治本之策的结合，进而消除党内问题产生的土壤、条件，也杜绝党内问题死灰复燃的环境。

第三，坚持守正与创新相结合。健全全面从严治党体系是一项具有全局性、开创性的工作，创新是题中应有之义，但创新不是一味寻求标新立异，必须在马克思主义的指导下进行。健全全面从严治党体系是新时代中国共产党人的伟大实践，必须在马克思主义党的学说的指导下进行。守正就是以坚定信念守马克思主义党的学说之正，贯通马克思主义立场观点方法。马克思主义党的学说，是辩证唯物主义和历史唯物主义指导下揭示的马克思主义政党建设的客观规律，其科学性真理性已经得到充分检验。在新时代新征程上，健全全面从严治党体系，必须以坚定信念守马克思主义党的学说之正。创新，以"两个结合"为根本创新发展构建一个内涵丰富、功能完备、科学规范、运行高效的动态系统，使党的各方面建设有机衔接、联动集成、协同协调。

中国共产党作为世界上最大的马克思主义执政党，具有远大目标和崇高历史使命，拥有庞大规模的党员队伍，同时面临着一系列大党独有难题，管党治党任务的复杂性和艰巨性是其他政党所无法比拟的，客观上需要形成一个布局合理、内容科学、要素齐备、统一高效的全面从严治党体系。这不仅是现实需要，也是时代要求。新征程上，中国共产党必须以解决大党独有难题的清醒和坚定，适应新时代新征程形势任务，深入贯彻全面从严治党战略方针，守正创新，健全全面从严治党体系。

第七章

以锻造坚强组织、建设过硬队伍
为重要着力点

上下贯通、执行有力的组织体系和高素质执政骨干队伍，是马克思主义政党的根本所在和生命力所在，是我们党百年以来坚定不移推进党的建设的突出优势和显著特征，是新时代管党治党建设党取得宝贵经验的坚实基础。深入学习贯彻习近平总书记关于党的自我革命的重要思想，要准确理解"锻造坚强组织、建设过硬队伍"的着力点本质，全面把握它的重大意义和实践要求，让党的组织更加坚强有力、让党员干部队伍全面过硬，在深入推进党的自我革命、以伟大自我革命引领伟大社会革命中充分释放党的组织优势和组织力量，并切实把这一优势和力量转化为发展的动力和优势。

一、正确理解"锻造坚强组织、建设过硬队伍"

治国之要，首在用人。党的十八大以来，以习近平同志为核心的党中央明确信念坚定、为民服务、勤政务实、敢于担当、清正廉洁的新时代好干部标准，着力建设忠诚干净担当的高素质干部队伍，形成了严管思想、严管作风、严管纪律的从严管党治党体系，建成了激发广大党员干部积极性、主动性、创造性的激励机制，增强了组织工作、队伍建设的整体效能。作为深入推进党的自我革命实践要求中的重要着力点，"锻造坚强组织、建设过硬队伍"体现自我革命具体化、精准化、长效化的鲜明特征。深刻领会这一着力点，对于切实贯彻落实新时代党的组织路线，推动各级党组织全面进步、全面过硬，具有重要意义。

（一）世情的深刻变革要求党员干部始终坚定历史自信

当今世界正值百年未有之大变局，蕴藏着时与势、危与机，既有破局之大势，更有立局之大趋。中华民族伟大复兴战略全局既与世界百年未有之大变局并驾齐驱，亦是世界百年未有之大变局的重要组成部分。于中国共产党而言，既要抓住"两个大局"的历史机遇，也要应对"两个大局"的严峻挑战，中国共产党是统筹"两个大局"的中坚力量，要积极识变、应变与求变。正如习近平总书记所言："当今世界，要说哪个政党、哪个国家、哪个民族能够自信的话，那中国共产党、中华人民共和国、中华民族是最有理由自信的。有了'自信人生二百年，会当水击三千里'的勇气，我们就能毫无畏惧面对一切困难和挑战，就能坚定不移开辟新天地、创造新奇迹。"①因此，党的自我革命要放在世界百年未有之大变局中来认识和对待，同样地，"锻造坚强组织、建设过硬队伍"也要放在世界百年未有之大变局中来认识和对待，要从坚持和发展中国特色社会主义、建设社会主义现代化强国、实现中华民族伟大复兴的高度深刻理解和准确把握。

整体来看，世界百年未有之大变局加速演进，世界进入新的动荡变革期，"世界怎么了""人类向何处去"等时代课题摆在我们面前。世界多极化、经济全球化、文化多样化、社会信息化持续推进，全球

---

① 习近平：《在庆祝中国共产党成立95周年大会上的讲话》，人民出版社2016年版，第12—13页。

经济在曲折中复苏，科技革命和产业变革蓄势待发，全球治理体系深刻变革，新兴市场国家整体崛起势不可挡，国际力量对比走向平衡。与此同时，国际金融危机深层次影响仍然存在，全球经济贸易增长乏力，单边主义、保护主义、霸权主义和强权政治出现新的表现，地缘政治关系复杂变化，传统安全威胁和非传统安全威胁相互交织，恐怖主义、重大传染性疾病、难民危机、全球气候变化等非传统安全威胁持续蔓延，外部环境不稳定、不确定因素增多。

中国的和平崛起打破了西方国家独霸世界权力中心的格局，全球治理迈向共同治理已然势不可挡。中国共产党倡导"坚持胸怀天下"，既为中国人民、中华民族谋幸福、谋复兴，也为人类、世界谋进步、谋大同，是马克思主义基本原理、中华优秀传统文化在新时代中国实践的创造性转化、创新性发展。这样一来，中国共产党提出的中国式现代化，向全球提供了一种全新的现代化模式，打破了"现代化=西方化"的迷思，展现了现代化的另一幅图景，拓展了发展中国家走向现代化的路径选择，为人类对更好社会制度的探索提供了中国方案。

推进中国式现代化，把中华民族伟大复兴的事情办好，把弘扬中华文明的事情办好，把中国特色社会主义的事情办好，最根本的是要把中国共产党的事情办好。回溯历史，可以清晰且深刻地认识到：没有中国共产党的坚强领导和中国共产党领导下中国人民的浴血奋战、百折不挠，就不会有新民主主义革命的伟大成就；没有中国共产党的坚强领导和中国共产党领导下中国人民的自力更生、发愤图强，就不会有社会主义革命和建设的伟大成就；没有中国共产党的坚强领导和中国共产党领导下中国人民的解放思想、锐意进取，就不会有改革开放和社会主义现代化建设的伟大成就；没有中国共产党的坚强领导和中国共产党领导下中国人民的自信自强、守正创新，就不会有新时代中国特色社会主义的伟大成就。历史已经充分证明，无论外部世界如何变化，中国的问题解决归根结底要靠中国共产党、要靠中国共产党领导下的中国人民。因此，全体党员干部必须立志于中华民族千秋伟业和人类和平发展崇高事业，在"两个结合"中正确回答中国之问、世界之问、人民之问、时代之问。

（二）国情的深刻变革要求党员干部发扬历史主动精神

新时代以来，以习近平同志为核心的党中央把人民对美好生活的向往作为奋斗目标，以伟大的历史主动精神、巨大的政治勇气、强烈的责任担当，统筹推进"五位一体"总体布局、协调推进"四个全面"战略布局，坚持以中国式现代化推进中华民族伟大复兴，党和国家事业取得历史性成就、发生历史性变革，为实现中华民族伟大复兴提供了更为完善的制度保证、更为坚实的物质基础、更为主动的精神力量。

新中国一经成立，中国共产党为彻底改变国家一穷二白的落后面貌，让我国从农业国转变为工业国进而发展成为社会主义现代化强国，中国共产党带领中国人民接续奋斗。新中国成立后，中国共产党通过五年计划的实施，建立起独立的比较完整的工业体系和国民经济体系，农业生产条件显著改变，教育、科学、文化、卫生、体育事业有很大发展。改革开放后，我们实现了"三步走"战略的前两步目标，实现了人民生活从温饱不足到总体小康、全面小康的历史性跨越，推进了中华民族从站起来到富起来的伟大飞跃。

经过70多年坚持不懈的努力，中国特色社会主义道路越走越宽广，中国特色社会主义理论体系不断创新发展，中国特色社会主义制度越来越完善，中国特色社会主义文化更加繁荣兴盛，全党全国各族人民的"四个自信"更加坚定。我们党大大深化、拓展、升华对社会主义建设规律的认识，在新中国史上书写了坚持和发展中国特色社会主义新的篇章。

在充分看到党和国家事业举世瞩目的成就的同时，也必须清醒看到工作中存在的一些困难和问题。目前，高质量发展阶段中不平衡不充分的问题仍然突出，推进高质量发展还有许多卡点瓶颈，科技创新能力还不强，确保粮食、能源、产业链供应链可靠安全和防范金融风险还须解决许多重大问题，重点领域改革还有不少硬骨头要啃，生态环境保护任务依然艰巨，面对这一系列突出问题，唯有充分发扬主动性、创造性，才能克服思维惯性、打破发展瓶颈、拓宽发展路径，不断提高创新能力和创造水平，发扬历史主动精神，推动中国特色社会主义建设取得新成就。

（三）社情的深刻变革要求党员干部不断提升治理能力

党的十八届三中全会通过的《中共中央关于全面深化改革若干重大问题的决定》指出："紧紧围绕更好保障和改善民生、促进社会公平正义深化社会体制改革，改革收入分配制度，促进共同富裕，推进社会领域制度创新，推进基本公共服务均等化，加快形成科学有效的社会治理体制，确保社会既充满活力又和谐有序。"①首次将"社会管理"转而表述为"社会治理"，标志着我国社会治理迈入新阶段。党的十九届四中全会通过的《中共中央关于坚持和完善中国特色社会主义制度 推进国家治理体系和治理能力现代化若干重大问题的决定》要求："必须加强和创新社会治理，完善党委领导、政府负责、民主协商、社会协同、公众参与、法治保障、科技支撑的社会治理体系，建设人人有责、人人尽责、人人享有的社会治理共同体，确保人民安居乐业、社会安定有序，建设更高水平的平安中国。"②《中共中央关于党的百年

---

① 《十八大以来重要文献选编》（上），中央文献出版社2014年版，第513页。
② 《十九大以来重要文献选编》（中），中央文献出版社2021年版，第287页。

奋斗重大成就和历史经验的决议》指出："党着眼于国家长治久安、人民安居乐业，建设更高水平的平安中国，完善社会治理体系，健全党组织领导的自治、法治、德治相结合的城乡基层治理体系，推动社会治理重心向基层下移，建设共建共治共享的社会治理制度，建设人人有责、人人尽责、人人享有的社会治理共同体。"①可见，从"社会管理"到"社会治理"，再到"社会治理体系"，我们党对社会治理的规律不断深化和发展。

新时代，基层社会治理体系是一个有机的、统一的整体，党的领导是推进基层社会治理系统工程的根本保证。中国式现代化落实到社会建设领域，就是中国式社会治理现代化，其中涉及治理理念的更新、治理体系的完善、治理能力的提升和治理环境的营造。最为关键的是，党员干部如何破除思维定式，更新治理理念，适应和引领中国特色社会主义社会治理之路。此外，社会利益主体多元化向党员干部治理能力提出更多的新要求和新挑战。回顾过去，中国特色社会主义社会治理体系形成了各个历史时期理论上的守正和实践上的创新。面向未来，推动社会治理体系和治理能力现代化，要坚持以党的领导为根本保证，以人民至上为根本立场，以现实问题为根本导向，坚持和发展新时代"枫桥经验"，不断提升党员干部的治理能力，实现中国式现代化进程与社会治理现代化进程的统一发展。

实践证明，坚持以党的自我革命引领社会革命，是中国共产党百年以来的光辉传统，向我们党提供了源源不断的动力支撑。根据社情的变化，不断提升党员干部的治理能力，对建设长期执政的马克思主义政党具有重大意义，对推动强国建设、实现民族复兴具有重要意义。

---

① 《中共中央关于党的百年奋斗重大成就和历史经验的决议》，人民出版社2021年版，第50页。

二、"以锻造坚强组织、建设过硬队伍为重要着力点"的重大意义

治国必先治党，党兴才能国强。党的组织和党的工作全覆盖，党中央一声令下，全党闻令而动，这是世界上任何其他政党都不具有的强大优势。习近平总书记关于党的自我革命的重要思想，把组织体系、干部队伍建设纳入"九个以"实践要求，突出其"重要着力点"本质，体现自我革命具体化、精准化、长效化的鲜明特征。深刻领会这一"重要着力点"，对切实贯彻落实新时代党的组织路线，推动各级党组织全面进步、全面过硬，培养忠诚干净担当的高素质干部队伍，具有重要意义。

（一）锻造坚强组织、建设过硬队伍是推进党的自我革命的必然要求

坚强的组织和过硬的队伍是全面从严治党体系建立健全的重要标志。党的组织、党员干部应该成为党的自我革命的关键环节。基层党组织坚强与否、党员干部纯洁与否，直接关系党的自我革命的实际效果。

从党的历史逻辑来看，锻造坚强组织、建设过硬队伍和推进党的自我革命是一体推进、相辅相成、互为补充的。新民主主义革命时期，党的基层组织建设做到了"应建尽建"，从"一切工作归支部"到"支部建在连上"，实现了依靠党的组织体系的健全促进组织职能的发挥。社会主义革命和建设时期，第一次全国组织工作会议于1951年3月28日至4月9日召开，会议通过《中国共产党第一次全国组织工作会议关于整顿党的基层组织的决议》《中国共产党第一次全国组织工作会议关于发展新党员的决议》，以"整党"为目的对基层党组织和党员队伍展

开整顿。现在来看，当时"整党"的核心内涵即是刀刃向内的自我革命。改革开放以后，党的组织体系建设重振旗鼓，《中共中央关于整党的决定》《关于党内政治生活的若干准则》等党内法规就组织建设、干部队伍建设作出了详细规定。随后，中国共产党摆脱苏联道路的束缚，探索适合自己的正确道路，既体现了中国特色，又彰显马克思主义本色，同时在组织体系、干部队伍建设方面也积累了丰富的经验。进入新时代，以习近平同志为核心的党中央探索形成了"5+2"党的建设整体布局，并且围绕"锻造坚强组织、建设过硬队伍"，展开了更加丰富的理论探索和实践探索，旗帜鲜明要求把"锻造坚强组织、建设过硬队伍"当作自我革命的重要着力点。

党的自我革命的全面性、系统性、协同性对党的建设和组织工作提出要求，要求必须把锻造坚强组织、建设过硬队伍作为重要着力点。党的力量来自组织，组织能使党的力量倍增。党的十八大以来，习近平总书记立足党和国家事业发展全局，把锻造坚强组织、建设过硬队伍放在全面从严治党体系的突出位置、作为自我革命的重要着力点来抓，夯实了兴党强党、强国建设、民族复兴的组织之基。深入推进党的自我革命，要聚焦党组织的政治功能和组织功能，统筹抓好中央组织、地方组织、基层组织等各级各类党组织建设，建强贯彻落实党中央决策部署"最初一公里"的中央和国家机关，到基层党组织"最后一公里"的链条，织密上下贯通、执行有力的组织体系，提升党的领导力、组织力、执行力，确保党始终不变质、不变色、不变味。

（二）锻造坚强组织、建设过硬队伍是增强党组织政治功能和组织功能的题中应有之义

大有大的样子，也有大的难处。马克思曾指出："工人的一个成功因素就是他们的人数；但是只有当工人通过组织而联合起来并获得知识的指导时，人数才能起举足轻重的作用。"①可见，9900多万名党员的大党，要把"量"的突出特征转化为"质"的显著优势，就需要政治功能的强化和组织体系的健全。因此，作为世界上最大的政党要有大的样子，既有党员人数规模大、组织体系规模大等特点，更要有大的志向、大的追求、大的担当、大的创造。

增强党组织政治功能和组织功能，是马克思主义建党学说的本质要求。就政治功能来看，马克思主义政党一经成立就以崇高的政治理想和高尚的政治追求为己任，由此锻造形成了纯洁的政治品质和严明的政治纪律。就组织功能来看，马克思主义政党的力量源于严密的、科学的而且行之有效的组织体系。强调政治功能和组织功能一体推进，是新时代管党治党建设党实践基础上的理论创新，体现了马克思主义建党学说中国化时代化的鲜明特征，是以习近平同志为核心的党中央把马克思主义基本原理与中国实际、中国共产党具体实践相结合的体现。

一体增强党组织政治功能和组织功能，是中国共产党百年奋斗的制胜秘诀。中国共产党自诞生起，就高度重视增强党组织的政治功能和组织功能。党的十八大以来，以习近平同志为核心的党中央坚持"两个结合"，坚持党要管党、全面从严治党，持续完善坚定维护党中央权威和集中统一领导的各项制度，以提升组织力为重点，突出政治功能，不断健全组织体系，让党在革命性锻造中更加坚强、更加有力，形成了以"两个确立""两个维护"为根本的政治纪律和政治规矩，引领推动党和国家事业取得历史性成就、发生历史性变革。实践充分证明，党组织政治功能和组织功能的充分发挥，能把全党全国人民紧紧拧成

① 《马克思恩格斯文集》第3卷，人民出版社2009年版，第14页。

一股绳，让党的事业不断从胜利走向新的胜利。

（三）锻造坚强组织、建设过硬队伍是提升党的组织体系建设整体效能的必然选择

党的自我革命不是一劳永逸、一朝一夕的事情，它关乎着我们党如何成功跳出治乱兴衰历史周期率、确保党永远不变质不变色不变味的问题，因而这是一项长期性、整体性、系统性的工程。为此，中国共产党必须通过党的组织体系的整体性建设、长期性规划提质增效，才能应对跳出治乱兴衰历史周期率、确保党永远不变质不变色不变味这种复杂性、艰巨性、长期性问题的挑战。

锻造坚强组织、建设过硬队伍被包含在提升党的组织体系建设整体效能当中。党组织整体效能的发挥离不开严密的组织和过硬的干部队伍。习近平总书记关于党的建设的重要思想凝练了"十三个坚持"，其中第六个坚持就是"坚持严密党的组织体系"，这一重要要求是对新时代以中国式现代化实现中华民族伟大复兴提供坚强组织保证的概括总结，进一步丰富和发展了马克思主义建党学说。

马克思、恩格斯在《共产主义者同盟章程》中对世界上的第一个无产阶级政党共产主义者同盟设计了组织架构，划分了各个层级组织的职权范围，形成了从支部、区部、总区部到中央委员会、代表大会的组织系统，这是无产阶级政党组织体系的雏形。列宁在马克思、恩格斯的基础之上，进一步丰富了无产阶级政党组织体系的理论与实践，提出了"无产阶级在争取政权的斗争中，除了组织，没有别的武器"[1]"组织起来的无产阶级就无所不能"[2]等一系列论述，阐明了严明的组织体系之于无产阶级政党的重要意义。

---

[1] 《列宁选集》第1卷，人民出版社2012年版，第526页。
[2] 《列宁全集》第14卷，人民出版社1988年版，第121页。

新时代新征程，深入推进党的自我革命同时解决成功跳出治乱兴衰历史周期率，要求党的组织体系建设既要提升党员干部的业务能力尤其是领导中国式现代化建设的能力，又要提升党的建设和组织工作意识和本领，从而推动党的建设和组织工作展现新担当新作为。

（四）锻造坚强组织、建设过硬队伍是净化党内政治生态的内在要求

党的政治建设落实到党的组织建设、干部队伍建设上就是要不断提高各级领导干部特别是高级干部把握方向、把握大势、把握全局的能力，辨别政治是非、保持政治定力、驾驭政治局面、防范政治风险的能力，善于从政治上分析问题、解决问题，形成全党风清气正的党内政治生态。党员干部是党和国家事业的中坚力量，是良好的党内政治生态的核心要素，深入推进党的自我革命，要以严密的组织体系、过硬的干部队伍涵养党内政治生态。各级党组织政治生态"窗明几净"，党员干部政治过硬、作风优良，则全党政治生态风清气正。作为超大规模的政党，中国共产党为保持良好的党内政治生态，内在地要求我们必须坚持自我革命。

为营造和保持良好的党内政治生态，党的各级组织和全体党员要始终统一思想、统一意志、统一行动，以严密的组织体系和过硬的干部队伍保证党内政治生活规定动作和自选动作的完成。发挥党组织激浊扬清的战斗堡垒作用以及发挥党员扶正祛邪的战斗作用，增强党内政治生活的政治性、时代性、原则性、战斗性，着力解决党内政治生活平淡化、庸俗化、随意化的倾向，推动党员干部在严肃的、规范的党内政治生活中接受政治体检、净化政治灵魂，夯实全党政治生态风清气正的重要基础。政治纪律是红线，也是高压线，每一名党员干部都要时刻进行对照检查，坚持政治标准，提高政治站位，严格要求自己，严格约束自己。

三、着眼于党的伟大自我革命锻造坚强组织、建设过硬队伍

以锻造坚强组织、建设过硬队伍为重要着力点深入推进党的自我革命，必须深入学习贯彻习近平总书记关于党的自我革命重要论述，扎实做好党管干部、理论武装、选贤任能、育才聚才、纠治"四风"、强基固本、贯彻落实等各项工作，把好干部育出来、选上来、用起来，把党员组织起来，把人才凝聚起来，把群众动员起来，努力为坚持和加强党的全面领导、坚持和发展中国特色社会主义提供坚强组织保证。

（一）必须坚持党管干部，以干部队伍筑牢政治堡垒

旗帜鲜明讲政治是马克思主义政党的根本要求，是我们党一路走来不断壮大的重要保证，是深入推进党的自我革命的主题主线。坚持党要管党、全面从严治党，以伟大自我革命引领伟大社会革命，必须要有一支政治过硬、适应新时代要求、具备领导现代化建设能力的干部队伍。这支队伍作为党的理论和路线方针政策的具体执行者，政治关、品行关、作风关、廉洁关理应突出，体现打铁必须自身硬。选拔培养干部时突出政治标准，就是要把住选人用人这一风向标，坚持把政治标准放在首位，及时发现、合理使用忠诚于党和人民、坚定理想信念、全面贯彻执行党的理论和路线方针政策的干部，对政治上不合格的人尤其是"两面人"实行"一票否决"，以干部"政治关"的全面把握筑牢政治堡垒。

坚持党管干部的本质就是坚持党的领导，解决的是"为谁选人用人"的问题。坚持党管干部就是按照党和人民的意愿选人用人，为党和国家的事业选人用人，确保选用出来的干部始终忠诚于党、忠诚于人民、忠诚于马克思主义和中国特色社会主义。这一点与坚持党的自

我革命是一致的。党的自我革命是党的领导下的自我革命，是以党和国家事业为核心目标的自我革命。党的领导是党和国家事业前进的根本保证。党的领导不是自封的，而是在长期的艰苦斗争中，经过历史与人民的选择逐渐发展形成的，是在与形形色色错误思想、错误倾向作坚决斗争的过程中不断巩固的。实践证明，党的自我革命是为了加强党的领导，而党的领导的加强又需要持之以恒地自我革命，其中最为关键的是要依靠各级党员干部以刀刃向内的自觉审视自己、检视自己、改正自己。

党的自我革命需要各级党员干部提供组织支撑。三湾改编的"支部建在连上"实现了党对红军的绝对领导，新中国成立初期党的组织覆盖面得以扩大确立了党对工、农、商、学、兵、政的一元化领导体制，改革开放和社会主义现代化建设新时期党的领导制度在实践探索中不断制度化、科学化、规范化，新时代以来党的中央组织、地方组织、基层组织形成了严密的组织体系，党的领导方式和执政方式不断科学化、民主化、规范化。这一系列历史实践，鲜明地展现党的领导要靠坚强的组织支撑，让党的领导更加全面、更加有力、更加科学。

因此，着眼于党的伟大自我革命锻造坚强组织、建设过硬队伍，要深化理想信念教育，坚持不懈用习近平新时代中国特色社会主义思想凝心铸魂，督促党员干部加强党性锤炼和磨砺，自觉接受政治体检，净化政治灵魂，不断增强政治免疫力，提高抵御"围猎"的能力，炼就"金刚不坏之身"，始终坚守共产党人的精神家园。

（二）扎实做好理论武装，以思想自觉涵养政治担当

理论创新每前进一步，理论武装就要跟进一步。实现全党思想、意志、行动的统一，最根本的就是要用党的创新理论武装全党。新征程上，我们要坚持不懈抓好理论武装，引导广大党员干部以理论上的清醒和坚定确保政治上的清醒和坚定，深刻领悟"两个确立"的决定性意义，增强"四个意识"、坚定"四个自信"、做到"两个维护"，自觉在思想上政治上行动上同以习近平同志为核心的党中央保持高度一致。持续加强理论武装，最重要、最关键的是用习近平新时代中国特色社会主义思想凝心铸魂，要把"学思想"作为终身必修课，深刻领悟和全面掌握习近平新时代中国特色社会主义思想的科学体系、核心要义与实践要求，继续在以学铸魂、以学增智、以学正风、以学促干上下功夫，把理论学习同贯彻落实党中央各项决策部署结合起来，同推动本地区本部门本单位的中心工作结合起来，以全党大学习不断打开事业发展新天地，不断创造新的伟业、铸就新的辉煌。以理论武装推动党的自我革命、事业发展，是一个循序渐进、层层递进、持续推进的过程，要求党员干部在常学常新中深化，在学思践悟中内化，在学以致用中转化。思想自觉不可能一蹴而就，这就要求广大党员干部摒弃急功近利、急于求成的浮躁心态，发扬"挤"的精神、"钻"的态度、"钻"的魄力，主动把理论学习当作精神追求、当作生活习惯，做到如饥似渴地学习、一刻不停地学习。同时，理论学习要讲究方法，才能做到事半功倍。党的创新理论的产生不是无源之水、无本之木，而是有切实的历史逻辑、理论逻辑和实践逻辑。因此，要立足中国具体实际，扎根中华优秀传统文化，结合世情、国情、社情的发展联系地学、辩证地学、统一地学，把握好党的创新理论的世界观方法论，把党的创新理论放在中国化时代化进程中来领会。

习近平总书记强调："马克思主义理论不是教条，而是行动指南，必须随着实践的变化而发展。"①实践是鲜活的、发展的、变化的，那

---

① 《继续把党史总结学习教育宣传引向深入　更好把握和运用党的百年奋斗历史经验》，《人民日报》2022年1月12日。

么理论也应该是随之发展变化的。理论武装不是静态的、一成不变的，而是随着实践的发展、理论的发展而更迭变化。这要求广大党员干部坚持守正创新，不断拓展认识的广度、深度，不断坚持问题导向，以理论指导实践、用实践检验理论，提出不断解决问题的新理念新思路新方法。

（三）明确选人用人导向，以真才实学凸显政治标准

德才兼备，方堪重任。坚持德才兼备、以德为先、任人唯贤，是选人用人的根本导向，是党的干部队伍建设的经验总结和理论凝练，也是新时代做好选人用人工作的重要原则。习近平总书记立足新时代新征程，提出"信念坚定、为民服务、勤政务实、敢于担当、清正廉洁"①的好干部标准，进一步细化强化选人用人的立场、观点和方法，强调要把政治坚定、实绩突出、作风过硬、群众公认的干部选出来、培育好、用起来。《中国共产党章程》《党政干部选拔任用工作条例》等党内法规就德才兼备、以德为先、任人唯贤作出明确规定和解释，体现了选人用人导向在实践中的发展和理论中的创新。德才并重，既是中华优秀传统文化中的治吏思想，也是为实现第二个百年奋斗目标对新时代干部提出的为政之德、为官之要。干部的德才兼备，最终要落实到锐意进取、真抓实干上，要立足自身职责，强化政治担当，突出重点，把握关键，为推进强国建设、民族复兴伟业而团结奋斗。

信念坚定，是干部的立身之本，无论什么样的情况，党员干部都要把加强党性修养、提升理论修养作为必修课。同样地，任何时候，组织选用干部都要以"坚定的理想信念"作为根本准绳。党的事业是伟大的且艰巨的，也是任重而道远的，"好干部"标准第一条就是"信

---

① 《十八大以来重要文献选编》（上），中央文献出版社2014年版，第337页。

念坚定"，要求广大党员干部无论出发多久都不要忘记为什么出发、为了什么出发，始终保持共产党人的本色。

为民服务，是干部的为政之道，要求党员干部时刻做到"公"字当头，做到以"民"为先，明白"官"是服务人民的岗位，"权"是服务人民的工具。马克思、恩格斯早在他们所处的时代，就旗帜鲜明地提出要"防止国家和国家机关由社会公仆变为社会主宰"①，可见，马克思主义政党除了人民的利益没有其他的利益，要求广大党员干部以自我革命的精神认真服务好群众。

勤政务实，是好干部的一条基本要求，要求党员干部勤勤恳恳、踏踏实实，能够做到吃苦在前、实干在前、吃亏在前。党的自我革命、以自我革命引领伟大社会革命、中华民族的伟大复兴等，之于每位党员不是宏大叙事，而是切实做好分内之事。

敢于担当，是好干部的必备品质。所谓担当，就是敢于负责、勇为人先、斗真碰硬，面对矛盾做到敢抓敢管，面对风险做到挺身而出，而不是畏手畏脚，遇到问题找理由、推责任。党的自我革命精神要求广大党员干部既要有做大事的决心，也要有敢于担当的气量。

清正廉洁，是好干部的道德要求，要求广大党员干部做到一身正气、一尘不染，坚守原则、抵制诱惑。为深入推进党的自我革命，必须从本质上要求党员干部保持先进性和纯洁性，把清正廉洁作为必须遵循的道德和操守。

（四）完善育才聚才措施，以服务群众彰显政治本色

实践证明，人才强则党兴国强，党在百年历史经验中已经充分形成了科技是第一生产力、人才是第一资源、创新是第一动力的共识。

---

① 《马克思恩格斯全集》第22卷，人民出版社1965年版，第228页。

党的十八大以来，党全面加强对人才工作的领导，不断强化政治引领和政治吸纳，确立了人才引领发展的重要战略地位，以识才的慧眼、爱才的诚意、用才的胆识、容才的雅量、聚才的良方，推动形成了天下英才聚神州、万类霜天竞自由的人才发展环境，把人才的优势持续转化为发展的优势。

新时代新征程，以中国式现代化全面推进中华民族伟大复兴，必须真心爱才、悉心育才、倾心引才、精心用才，把各方面优秀人才集聚到党和人民事业中来，推动形成高水平人才队伍，建成世界重要人才中心以及创新高地，充分释放人才创新发展的内在活力和强大动力，为基本实现社会主义现代化提供人才支撑，为全面建成社会主义现代化强国打好人才基础。当前，加快发展新质生产力，迫切需要大批拔尖创新人才，加快建成一支规模宏大的知识型、技能型、创新型劳动者大军。所谓新质生产力，新在科技、新在创新，其中人才是最为活跃、最为积极的因素，创新驱动的本质在于人才驱动。

伟大事业呼唤人才，伟大时代造就人才。新时代高水平人才队伍的使命在于面向世界科技前沿、面向经济主战场、面向国家重大需求、面向人民生命健康，这是广大人才服务人民、造福人民的重要目的和根本方向。要让高水平人才在勇于担当中坚定为人民服务的初心，提高为人民服务的水平，努力为人民创造更加幸福美好的生活。面向世界科技前沿，要求人才工作要具有世界眼光，推动我国科技发展迭代升级，注重人才工作紧跟世界科技发展大势，不断实现科技创新，尤其是在航空航天、船舶、深海、能源、高铁、通信、电子信息等核心技术上展开攻关，取得战略性、关键性突破。面向经济主战场，要求人才工作符合经济发展规律使然，不断增强人才工作的使命感、紧迫感，让高水平人才承担经营管理等具体任务，不断加强科研成果转化，加强人才工作对经济社会发展的贡献程度、支撑力度和引领向度。面向国家重大需求，要充分释放人才创新发展的内在活力，努力实现关键核心技术自主可控，不断挖掘开发新的技术、把握新的发展方向、抓住新的发展机遇，以人才工作的全面展开服务国家的战略需求。面向人民生命健康，充分激发人才工作与生物生态、环境资源、卫生健康、粮食安全等领域的衔接力，形成实践强、业务强、为人民的强大人才梯队，为满足人民群众日益增长的物质文化需求提供人才保障。

（五）持续深化纠治"四风"，以优良作风涵养政治生态

本立而道生。所谓"本"，就是党员干部表现出来的作风，所谓"道"就是中国共产党的整体性风貌。如果党员干部党性弱、作风差、品行不端，就会误入歧途，进而影响党的整体形象。反之，如果党员干部党性强、作风优、品行端正，就会让党的正面形象更加深入人心。党员干部的作风问题本质上是党性问题，持续深化纠治"四风"是深入推进党的自我革命的必由之路。干部群众反映强烈的形式主义、官僚主义具有顽固性、反复性，需要持续用力、协同发力、坚决纠治，只有坚持以刀刃向内的自我革命精神淬炼作风，常常"敲警钟""紧发条"，才能解决顽瘴痼疾，以作风转变涵养政治生态。

进入新时代，以习近平同志为核心的党中央着眼于马克思主义基本原理、党的建设百年历史以及新时代管党治党建设的实践，提出了一系列有关中国共产党作风的论述，尤其是强调"深入纠治'四风'"，进一步明确了党员干部的作风要求。广大党员干部要以自我革命精神检视思想作风，查不足、找差距、明方向，敢于刀口向内、解剖自己，自警自省、自查自纠，起底思想作风问题的根源，着力解决思想不纯、政治不纯、组织不纯、作风不纯等突出问题，认真克服缺点不足，不断纠偏正向，不断增强党的自我净化、自我完善、自我革新、自我提高能力，切实增强抓思想改作风的自觉性和坚定性。作风建设永远在路上，党的自我革命永远在路上，只有进行时，没有完成时，广大党员干部绝不能有松松气、歇歇脚的想法，更不能有打好一仗就一劳永逸的想法，要持之以恒、善作善成，拧紧管党治党建设党的螺丝钉，始终在思想上政治上行动上同党中央保持高度一致。

（六）落实强基固本责任，以基层组织夯实政治根基

基础不牢，地动山摇。习近平总书记指出："党的工作最坚实的力量支撑在基层，经济社会发展和民生最突出的矛盾和问题也在基层，必须把抓基层打基础作为长远之计和固本之策，丝毫不能放松。"[①]基层组织是党的肌体细胞、神经末梢，是深入推进新时代党的建设新的伟大工程的基本单元，更是自我革命的前沿阵地。党的组织不是因为逐利形成的，而是因为共同的理想、共同的追求。党的基层组织不仅是党的组织生活的具体载体，更是夯实全体党员理想信念的政治平台。只有基层组织过硬，党的组织体系的优势才能充分释放，党的领导才能形成强大合力，进而赋能新时代党的事业的发展。

基层组织建设最重要的是政治功能和组织功能的增强，政治功能是根本，组织功能是基础，二者相辅相成，辩证统一于党的全面领导之中。首先，政治功能是标。广大党员应在组织生活中把为党的事业和人民奉献一切作为基本立场，谨记革命理想高于天，矢志不渝为社会主义、共产主义、中华民族伟大复兴而奋斗，严守党的政治纪律和政治规矩，以"三会一课"、民主集中制、谈心谈话、民主评议党员等制度的落实保障党的组织生活的经常化、规范化、制度化，从而强化政治功能。其次，组织功能是本。要着眼于群众组织力提升组织功能，

---

① 中共中央文献研究室编：《习近平关于全面从严治党论述摘编》，中央文献出版社2016年版，第138页。

把推进基层党组织建设与密切联系群众统一起来，做到哪里有群众哪里就有党的工作，哪里有党的工作哪里就有党的组织，更好地组织引领群众。最后，政治功能、组织功能要密切结合起来，形成"标"与"本"的统一。政治功能和组织功能从来都是统一的。没有政治功能的发挥，组织功能就缺乏方向引领；没有组织功能的发挥，政治功能就缺乏具体载体。强基固本既要治标，更要治本，从而形成基层组织思想引领力和组织力的统一。

要充分发挥基层党委和组织部门领导把关作用，确保每位党员强化党的意识和组织观念，自觉做到思想上认同组织、政治上依靠组织、工作上服从组织、感情上信赖组织，引领党员听党话、跟党走，成为党的主张的支持者、党的决定的执行者、动员群众的排头兵、改革发展的生力军。

（七）着眼增强贯彻落实，以令行禁止作出政治表率

抓好贯彻落实、保证令行禁止，是深入推进党的自我革命、以伟大自我革命引领伟大社会革命的客观保证。衡量党组织坚强与否、党员队伍过硬与否，最直接的检验标准就是看贯彻落实党中央决策部署是否及时有效、坚决有力。深入推进党的自我革命，就是要做到任何时候坚持以党的意志为意志、坚持以党的旗帜为旗帜、坚持以党的方向为方向，时常对标对表，及时纠正偏差，全力真抓实干，不折不扣地落实党中央决策部署。

抓好落实，就是要把习近平新时代中国特色社会主义思想转化为推进改革发展稳定和党的建设各项工作的实际行动，把初心使命变成党员干部锐意进取、开拓创新的精气神和埋头苦干、真抓实干的自觉行动。各级党组织和全体党员干部必须从确保党的路线方针政策贯彻执行的战略高度，切实把习近平总书记的重要论述和具体指示，落

实到深入推进党的自我革命、以党的伟大自我革命引领伟大社会革命当中，在贯彻落实上下功夫，在贯彻落实上作表率，在贯彻落实上创实绩。

不谋全局者不足谋一域，不谋万世者不足谋一时。抓好贯彻落实的同时还要进一步增强"四个意识"，坚决做到个人服从组织、少数服从多数、下级服从上级、全党服从中央。对我们这样一个大党、大国而言，党和国家的事业是由各个层次、不同部分组成的，做到顾全大局、着眼贯彻落实、确保令行禁止，不仅是做好全局工作的需要，也是实现局部利益的需要，应当成为各级党员干部的工作作风。深入推进党的自我革命，要求各级党员干部牢固树立全党全国一盘棋的思想，在重大问题、严峻形势面前始终心往一处想、劲往一处使，做到凝心聚力、众志成城，把党的理论和路线方针政策、党中央决策部署坚决贯彻下去。

一分部署，九分落实。抓好贯彻落实是极其重要的，任何理论方针政策，离开了贯彻落实，就不会形成实践成果。抓好贯彻落实、做到令行禁止，是贯彻党的政治路线、思想路线、群众路线的根本所在，是深刻领悟"两个确立"、坚决做到"两个维护"的实践体现。要落实好关于贯彻落实的督促检查力度，对于落实不力的情况，要坚决纠正，使制度成为刚性的约束，以责任制度和督查机制确保真贯彻、真落实。

第八章

以正风肃纪反腐为重要抓手

习近平总书记指出："党的作风是党的形象，是观察党群干群关系、人心向背的晴雨表。"①加强纪律建设是全面从严治党的治本之策。不正之风和腐败往往互为表里、同根同源，与纪律松弛、违纪违法紧密相关。新时代全面从严治党取得卓著成效、党的自我革命稳步推进，正是得益于以习近平同志为核心的党中央以"得罪千百人、不负十四亿"②的使命担当和决心毅力正风肃纪、反腐惩恶，不断净化政治生态，党和国家呈现出海晏河清、朗朗乾坤的政治新气象。

一、坚决纠正不正之风，推进作风建设常态化长效化

党风是党的世界观和党性的外在表现，党员干部的思想、学习、工作、生活作风等都包括于党的作风之内。习近平总书记指出："我们党始终强调，执政党的党风关系党的形象，关系人心向背，关系党和国家生死存亡；加强和改进党的作风建设，核心问题是保持党同人民群众的血肉联系；马克思主义执政党的最大危险就是脱离群众。"③

中国共产党之所以不断获得广大人民群众的拥护和支持，就在于

---

① 中共中央文献研究室编：《习近平关于全面从严治党论述摘编》，中央文献出版社2016年版，第170页。

② 《习近平著作选读》第2卷，人民出版社2023年版，第590页。

③ 《习近平谈治国理政》第1卷，外文出版社2018年版，第366页。

一代又一代中国共产党人一贯重视和加强作风建设。从党的"三大作风"的提出，到作风建设理论和实践的发展，再到对执政党的党风关系党的生死存亡的科学认知，体现出中国共产党人对作风建设的不懈努力。中国共产党的历史表明，通过长期奋斗不断地传承与创新形成的优良传统和作风，使中国共产党不断走向辉煌。党的十八大以来，以习近平同志为核心的党中央更是把党的作风建设摆在更加重要的位置，在作风建设的理论和实践上都实现了新的突破。可以说，以党的十八大召开为标志，党的作风建设进入了一个新时代。

在作风建设的实践上，以习近平同志为核心的党中央，以作风建设为突破口，坚持作风建设从严从实、常态长效，党心民心为之大振。从遏制"舌尖上的浪费"、刹住"车轮上的腐败"、整治"会所里的歪风"，到狠刹公款送礼、公款吃喝、公款旅游等不正之风，再到持续整治文山会海、督查检查考核过多过频、过度留痕，我们党坚决纠正形式主义、官僚主义、享乐主义和奢靡之风，解决了群众反映强烈、损害群众利益的突出问题，推进基层减负，倡导勤俭节约、反对铺张浪费，刹住了一些过去被认为不可能刹住的歪风，纠治了一些多年未除的顽瘴痼疾，推进作风建设长效化，不断释放标本兼治综合效应，党风政风为之一新、社风民风持续向好，推动党的作风建设发生了深层次的、根本性的变革。

在作风建设的理论上，习近平总书记高度概括了党的优良传统和作风的内涵，并对新时代作风建设提出了要求，他指出："什么是优良作风？优良作风就是我们党历来坚持的理论联系实际、密切联系群众、批评和自我批评以及艰苦奋斗、求真务实等作风。"[1]"我们抓作风建设，

---

[1] 《十八大以来重要文献选编》（上），中央文献出版社2014年版，第308页。

归根到底，就是希望各级干部都能树立和发扬好的作风，既严以修身、严以用权、严以律己，又谋事要实、创业要实、做人要实。"①习近平总书记明确提出作风问题的实质，他指出："作风问题根本上是党性问题。作风反映的是形象和素质，体现的是党性，起决定作用的也是党性。我们改进作风，不能简单就事论事，以为把眼前存在的作风问题从面上解决了就万事大吉了，而是要举一反三，透过作风看党性，在解决作风问题的基础上解决好党性问题。这是改进作风的一个重要着眼点。"②把作风问题上升到党性高度来认识，既抓住了作风问题的本质，实现了认识上的深化，也为继承和发扬党的优良传统和作风提供了逻辑思路。

作风上的很多问题反映的是背后的体制机制问题，与体制机制的改革息息相关，因此作风建设和全面深化改革密切联系，习近平总书记对此有着科学的探索和论断。比如，联系服务群众"最后一公里"的问题的解决，不仅要靠共产党员发挥作用，更需要从县到乡镇、街道，再到农村和社区对体制机制进行创新，不断提高管理效率和服务质量。不仅如此，还要构建服务管理体系，要从形成长效化体制机制出发，鼓励基层大胆探索实践。再如，尽管对很多作风问题都有一些制度性规范，为处理好作风问题发挥了作用，但从中央到地方很多作风问题仍没有遏制住。习近平总书记指出："要从体制机制层面进一步破题，为作风建设形成长效化保障。"③不仅如此，还要确保制度的落地落实，这些问题，都不能半途而废，否则就会出现反弹，影响党的先

---

① 中共中央文献研究室编：《习近平关于全面从严治党论述摘编》，中央文献出版社2016年版，第158页。

② 中共中央文献研究室编：《习近平关于全面从严治党论述摘编》，中央文献出版社2016年版，第154页。

③ 中共中央文献研究室编：《习近平关于全面从严治党论述摘编》，中央文献出版社2016年版，第162页。

进性和纯洁性。在中央政治局"三严三实"专题民主生活会上，习近平总书记又提出了加强党风廉政建设的措施，为解决作风问题提供了具体的操作方法，为解决好作风问题奠定了基础。针对党内存在的作风问题，他指出："全党同志必须始终保持崇高的革命理想和旺盛的革命斗志，用好批评和自我批评这个锐利武器，驰而不息抓好正风肃纪反腐，不断增强党自我净化、自我完善、自我革新、自我提高的能力，坚决同一切可能动摇党的根基、阻碍党的事业的现象作斗争，荡涤一切附着在党肌体上的肮脏东西，把我们党建设得更加坚强有力。"①

新征程上，我们要推进党的自我革命永远在路上，必须坚决纠正不正之风，弘扬党的光荣传统和优良作风，推进作风建设常态化长效化。党的二十大报告强调："弘扬党的光荣传统和优良作风，促进党员干部特别是领导干部带头深入调查研究，扑下身子干实事、谋实招、求实效。锲而不舍落实中央八项规定精神，抓住'关键少数'以上率下，持续深化纠治'四风'，重点纠治形式主义、官僚主义，坚决破除特权思想和特权行为。把握作风建设地区性、行业性、阶段性特点，抓住普遍发生、反复出现的问题深化整治，推进作风建设常态化长效化。"②

第一，作风建设的核心是保持党同人民群众的血肉联系，必须把人民放在心中最高位置，弘扬党的光荣传统和优良作风。习近平总书记指出："党的作风正，人民的心气顺，党和人民就能同甘共苦。"③新

———————————

① 中共中央党史和文献研究院编：《习近平关于力戒形式主义官僚主义重要论述选编》，中央文献出版社2020年版，第13页。

② 习近平：《高举中国特色社会主义伟大旗帜　为全面建设社会主义现代化国家而团结奋斗——在中国共产党第二十次全国代表大会上的报告》，人民出版社2022年版，第68页。

③ 习近平：《在庆祝中国共产党成立95周年大会上的讲话》，人民出版社2016年版，第23页。

时代加强党的作风建设，必须紧紧围绕保持党同人民群众的血肉联系，增强群众观念和群众感情，不断厚植党执政的群众基础。党的事业能不能顺利发展，关键就在我们党能不能始终坚持党的群众路线，始终保持同人民群众的血肉联系。人民对美好生活的向往，就是我们的奋斗目标。要教育引导党员干部牢记党的宗旨，坚持走好党的群众路线，树立正确政绩观，真抓实干，转变作风，用心用情用力解决好群众急难愁盼问题，让群众有更多、更直接、更实在的获得感、幸福感、安全感。

第二，作风建设的关键在于解决问题、务求实效。"三严三实"是对各级干部改进作风的必然要求，必须体现在抓作风建设各项工作之中，体现在各级干部首先是各级领导干部实际行动之中。各级干部要对党忠诚，理论联系实际，始终坚守党全心全意为人民服务的根本宗旨，坚持自我批评，敢于斗争，接过艰苦奋斗的接力棒，以一往无前的奋斗姿态和永不懈怠的精神状态，勇挑重担、苦干实干，在新时代新征程中留下许党报国的奋斗足迹。在革命、建设、改革长期实践中，我们党始终要求全党同志坚持和传承光荣传统，发扬优良作风。应当看到，党内在作风方面还存在着这样或那样的问题，一些地方和部门"四风"问题反弹，形式主义、官僚主义和特权思想、特权现象依然存在，有的还很严重。这些问题群众深恶痛绝、反映强烈，严重损害党群干群关系，必须下大气力解决。只有以作风建设的实际成效取信于民，才能带领人民群众为实现美好生活不懈奋斗。

第三，作风建设永远在路上，抓作风最重要的是讲认真。作风问题具有顽固性和反复性，形成优良作风不可能一劳永逸，克服不良作风也不可能一蹴而就，必须以最认真的态度对待。优良作风需要长期的培养和坚持，需要多数人共同努力和倡导，因而需要整个党、全体党员和各级党组织不懈地努力。好的作风需要一步一步培养，要固定下来更是不易，会受到这样那样的消极因素的影响。但不好的作风的传染性很强，需要强有力的手腕去抓、去纠正，而且纠正之后又容易反复，需要坚持不懈一直抓下去。

第四，作风建设永远在路上、永远没有休止符。作风问题体现在工作的方方面面，并不是孤立的存在。为了不使抓作风成为"两张皮"，就需要切实把作风与日常的工作联系起来，融入日常工作而不能脱离工作实际，以抓作风促进工作，这样才能确保收到实效。作风建设需要抓常，就是要"经常抓、抓经常"。习近平总书记指出："在改进作风问题上，我们不能退，也退不得，必须保持常抓的韧劲、长抓的耐心，在坚持中见常态，向制度建设要长效。"[1]抓常就是要形成常态，决不能一阵风，否则就会反弹，必须落实到工作的每一个环节，不留盲点和死角，以抓工作强化作风建设。作风建设要抓细，细节决定成败，作风建设不能大而化之，抓作风要抓住隐藏在工作细节中的问题，从小事抓起，尤其是群众反映的小问题，要把作风隐患消除在萌芽状态。因为一些小事、小节看似不大，但其中体现出来的作风问题并不小。如果不抓细，小事就会积累、演变成大问题，从而形成不良的作风损害党的肌体的健康。

作风建设要区别情况，"对症下药"。病因不同、症状不同，就需要区别对待，予以精准施治。在党的群众路线教育实践活动中，党中央明确提出了"照镜子、正衣冠、洗洗澡、治治病"的总要求，其中"治治病"就强调了要区别情况、对症下药，对作风方面存在问题的党员干部进行教育提醒，对问题严重的进行查处，对不正之风和突出问

---

① 中共中央文献研究室编：《习近平关于协调推进"四个全面"战略布局论述摘编》，中央文献出版社2015年版，第146页。

题进行专项治理。党组织和党员干部在检视问题时，要防止以上级指出的问题代替自身查找的问题、以班子问题代替个人问题、以他人问题代替自身问题、以工作业务问题代替思想政治问题、以旧问题代替新问题。习近平总书记指出："针对查摆出来的问题，要对症下药，切实把问题解决好。"[①]这体现了作风建设要区别情况、"对症下药"的根本要求。要准确把握新形势下作风建设的规律特点和工作要求，从理想信念、工作程序、体制机制等方面下功夫，继续在常和长、严和实、深和细上下功夫，抑制不正之风蔓延滋长。

新征程上，我们党面临的执政环境更加复杂，各种风险挑战也更加严峻，精神懈怠、能力不足、脱离群众和消极腐败的危险还将长期存在。习近平总书记强调："风险越大、挑战越多、任务越重，越要加强党的作风建设，以好的作风振奋精神、激发斗志、树立形象、赢得民心。"[②]新征程上，我们要勇于自我革命，不断增强自我革新能力，就必须牢记习近平总书记关于作风建设的重要指示精神，以永远在路上的执着，持之以恒发扬党的光荣传统和优良作风，以坚强的党性锻造优良作风，以钉钉子精神把作风建设引向深入，使作风建设成为我们党自我净化、自我完善、自我革新、自我提高的有效途径，最终跳出治乱兴衰的"历史周期率"。

二、严明党的纪律，使纪律真正成为带电的高压线

重视加强党的纪律建设是党进行伟大自我革命的根本保证。党的纪律，是党按照民主集中制的原则，根据党的性质、纲领、革命发展

---

① 《习近平谈治国理政》第3卷，外文出版社2020年版，第527页。
② 《立志做党光荣传统和优良作风的忠实传人　在新时代新征程中奋勇争先建功立业》，《人民日报》2021年3月2日。

的进程和实现党的路线方针政策的需要而确立的各种党规党法的总称，是党的组织和党员必须遵守的行为规则。中国共产党成立100多年来，中国共产党就是依靠严明的纪律，保证了党的发展壮大和党的事业兴旺发达。习近平总书记指出："组织观念、组织程序、组织纪律都要严起来。不严起来，就是一盘散沙。"①严明党纪，要求党员在党内生活中必须依照党内法规和纪律办事。要严格遵守和执行民主集中制，坚持按民主集中制原则处理党内组织和组织、组织和个人、同志和同志、集体领导和个人分工负责等重要关系，发扬党内民主、增进党内和谐，实行正确集中、维护党的团结统一。

党的纪律是统一的纪律。党的十九大首次将"纪律建设"纳入党的建设，凸显了纪律建设的重要性。在整个党的建设中，党的纪律具有举足轻重的作用。加强党的纪律建设，必须使广大党员明是非、知荣辱，形成明确的稳固的纪律观念，将党规党法牢记于心，实践于行。要使守纪律成为浸在骨子里、融在血液中的自觉行动。在党的纪律问题上，习近平总书记有着科学的认知，他明确提出："我们党的党内规矩是党的各级组织和全体党员必须遵守的行为规范和规则。"②这些规范和规则具有高度的统一性。首先，党的纪律是一个整体、一个完整的系统。党的纪律主要包括党章、民主集中制、党规党法等基本内容，这些内容之间密切联系，规定了党员工作、生活、理想、作风等方方面面都必须遵守的规矩，其中党章是党的总纪律、是根本大法，其他纪律都是根据党章做出的具体规定。其次，党的纪律具有普遍约束力。党章明确强调党的纪律是统一的纪律，每个党员和党的组织都必须无

---

① 《十八大以来重要文献选编》（上），中央文献出版社2014年版，第765页。
② 习近平：《论坚持党对一切工作的领导》，中央文献出版社2019年版，第88页。

条件地遵守和执行，对每个党员和党的组织都有普遍的约束力。党内一切成员、一切组织，没有例外是完全一致的，这种一致体现在履行党员义务和完成党组织的任务上。再次，党的纪律平等适用于每一名党员。不论什么人，违反了党的纪律，都要受到追究。习近平总书记强调："党要管党、从严治党，靠什么管，凭什么治？就要靠严明纪律。"①

新征程上，我们党要完成党的使命任务，就必须不断加强党的纪律建设，继续坚持纪严于法、执纪执法贯通，重点强化政治纪律和组织纪律，带动廉洁纪律、群众纪律、工作纪律、生活纪律严起来，使铁的纪律成为广大党员干部日常习惯和自觉遵循。要强化党员特别是领导干部的纪律意识，坚决同破坏党的纪律的行为做斗争，切实保证党的路线方针政策得到有效贯彻执行，不断推动党和人民事业的前进发展。要将党规党纪学习作为理论学习中心组学习、党支部学习和干部教育培训重要内容。对新入职党员干部及时开展纪律和廉政教育，对新任职党员领导干部进行廉政谈话。坚持执纪必严、违纪必究，深化运用监督执纪"四种形态"，注重抓早抓小、防微杜渐。

首先，严明党纪，首要的是严明党的政治纪律和政治规矩。没有规矩不成其为政党，更不成其为马克思主义政党。作为一个在发展中大国执政的执政党，如果我们党不严明党规党纪，如果不给广大党员干部亮出规矩、划出底线，党的凝聚力和战斗力就会被大大削弱，党的领导能力和执政能力就会被大大削弱，从而无法担负起实现中华民族伟大复兴的职责任务和光荣使命。习近平总书记指出："党的纪律是多方面的，但政治纪律是最重要、最根本、最关键的纪律，遵守党的政治纪律是遵守党的全部纪律的重要基础。政治纪律是各级党组织

① 《十八大以来重要文献选编》（上），中央文献出版社2014年版，第764页。

和全体党员在政治方向、政治立场、政治言论、政治行为方面必须遵守的规矩，是维护党的团结统一的根本保证。党章是我们党的总章程、总规矩。严明政治纪律就要从遵守和维护党章入手。遵守党的政治纪律，最核心的，就是坚持党的领导，坚持党的基本理论、基本路线、基本纲领、基本经验、基本要求，同党中央保持高度一致，自觉维护中央权威。"①在政治问题上，任何人同样不能越过红线，越过了就要严肃追究其政治责任。组织纪律在纪律建设中具有风向标作用。习近平总书记指出："用一贤人则群贤毕至，见贤思齐就蔚然成风。选什么人就是风向标，就有什么样的干部作风，乃至就有什么样的党风。"②各级党委及组织部门要坚持党管干部原则，坚持正确用人导向，坚持德才兼备、以德为先，努力做到选贤任能、用当其时，知人善任、人尽其才，把好干部及时发现出来、合理使用起来。

其次，严明党纪，要坚持党性党风党纪一起抓。党的二十大报告强调："坚持党性党风党纪一起抓，从思想上固本培元，提高党性觉悟，增强拒腐防变能力，涵养富贵不能淫、贫贱不能移、威武不能屈的浩然正气。"③思想建党是我们党的重要历史经验。从思想上看，我们党进行自我革命，必须坚持把思想建设作为党的基础性建设，淬炼自我革命锐利思想武器。习近平总书记强调："要炼就'金刚不坏之身'，必须用科学理论武装头脑，不断培植我们的精神家园。"④共产党人能够推进

① 《十八大以来重要文献选编》（上），中央文献出版社2014年版，第131—132页。
② 《习近平谈治国理政》第1卷，外文出版社2018年版，第418页。
③ 习近平：《高举中国特色社会主义伟大旗帜　为全面建设社会主义现代化国家而团结奋斗——在中国共产党第二十次全国代表大会上的报告》，人民出版社2022年版，第68—69页。
④ 中共中央文献研究室编：《习近平关于全面从严治党论述摘编》，中央文献出版社2016年版，第61页。

自我革命就是因为有坚定的理想信念。理论上清醒，政治上才能坚定。应当看到，前进道路上仍然有不少"拦路虎""绊脚石"。只要理想不灭、信念不倒、精神不垮，就能经得起风浪、抵得住诱惑。从思想上固本培元，修好共产党人的"心学"，需要教育引导党员干部坚持不懈用习近平新时代中国特色社会主义思想凝心铸魂，涵育坚守信仰、献身理想的高尚品格，矢志不渝为实现共产主义远大理想和中国特色社会主义共同理想而奋斗。作风建设的核心问题是保持党同人民群众的血肉联系。习近平总书记强调："我们党是靠革命理想和铁的纪律组织起来的马克思主义政党，纪律严明是党的光荣传统和独特优势。"①中国共产党始终坚持将纪律建设作为自我革命的重要途径，不断推进党的纪律建设相关制度科学化、体系化，将制度建设贯穿纪律建设的始终，为纪律建设提供了坚强有力的保障。制度化是一个不断发展和完善的过程，纪律建设应在制度的框架内运行，从而提高纪律建设的质量。我们党要完成实现中华民族伟大复兴的历史使命，就必须不断加强党的纪律建设，强化政治纪律和政治规矩，坚持纪严于法、纪法贯通，不断健全党和国家监督体系，推动制度优势更好转化为国家治理效能。

再次，严明党纪，要教育引导党员干部常怀敬畏法纪之心。讲规矩、守底线，首先要有敬畏心。心有所畏，方能言有所戒、行有所止。心存敬畏，方能律己、慎言、慎行，权力才不会任性，行为才不会越界。大量案件证明，一名好干部沦为阶下囚，往往就是从不知敬畏、不存戒惧、不守底线开始的。为此，要教育引导广大党员干部敬畏法纪，永葆共产党人政治本色。敬畏法纪，就是要敬畏党规党纪、敬畏

---

① 《十八大以来重要文献选编》(上)，中央文献出版社2014年版，第131页。

国家法律，把遵纪守法当作政治必修课认真对待，知道自己能做什么、不能做什么，做到令行禁止，坚决不踩黄线、不过红线、不触碰高压线。纲纪不彰，党将不党，国将不国。遵守法纪是党员干部从政的底线，也是安身立命的最基本要求、最基本职责和最基本素养。在全面从严治党之下，在全面依法治国之下，任何人都不能心存侥幸，不论什么人，不论其职务多高，只要触犯了党纪国法，都要受到严肃追究和严厉惩处，都不能指望法外施恩。前车之覆，后车之鉴。党纪国法是广大党员干部的戒尺，敬畏法纪既是每个党员应自觉树立的法治意识，更是党员干部必须始终坚守的底线要求。在党纪国法面前，没有特殊公民，也没有特殊党员，只要越线，发现一起就要严肃查处一起，决不姑息。党员干部尤其要弄明白法纪规定我们怎么用权，什么事能干、什么事不能干，心中高悬法纪的明镜，手中紧握法纪的戒尺，知晓为官做事、权力使用的尺度和边界。

最后，严明党纪，要教育引导广大党员干部严以修身、严以律己。中国人历来讲究修身，中国传统文化也把修身自律看作做人、做事、做官的基础和根本。古人所推崇的修身、齐家、治国、平天下，修身是第一位的。修身律己是我们党的优良传统和鲜明的政治品格。严以修身，才能严以律己。严以修身，就是要加强党性修养，坚定理想信念，提升道德境界，追求高尚情操，自觉远离低级趣味，自觉抵制歪风邪气。严以律己，就是要心存敬畏、手握戒尺，慎独慎微、勤于自省，遵守党纪国法，做到为政清廉。一个人能否廉洁自律，最大的诱惑是自己，最难战胜的敌人也是自己。一个人战胜不了自己，制度设计得再缜密，也会"法令滋彰，盗贼多有"。修身自律是人向上向善的内在动力，党员干部要履职尽责，要担负起为人民谋幸福的重任，就要先把修身摆在首位，强化自我修炼、自我约束、自我塑造，在严以修身、严以律己上作出表率。

三、以零容忍态度惩治腐败，坚决打赢反腐败斗争攻坚战持久战

国家之败，由官邪也。腐败是世界各国存在的普遍现象，是社会的顽疾，是最容易颠覆政权的问题。中国共产党的党性决定了与腐败水火不相容。中国共产党作为马克思主义执政党，人民性、先进性、纯洁性是我们党的本质属性。这一本质属性，决定了我们党始终代表最广大人民根本利益，与人民休戚与共、生死相依，没有任何自己特殊的利益，从来不代表任何利益集团、任何权势团体、任何特权阶层的利益；决定了我们党始终坚持党要管党、全面从严治党、勇于自我革命，始终坚决反对腐败、建设廉洁政治，对损害党的先进性和纯洁性的病症都要彻底医治，对滋生在党的健康肌体上的毒瘤都要坚决祛除，大力推进反腐败斗争永远在路上，确保党保持肌体健康、青春活力。

长期以来，各国政党都在强调反腐败，但腐败的现象一直无法根绝。特别是在一些资本主义国家，在资产阶级政党的领导下，因为长期积累的矛盾导致民怨载道、社会动荡、政权垮台，其中贪污腐败就是一个很重要的原因。就此，习近平总书记曾经给全党敲响了警钟："大量事实告诉我们，腐败问题越演越烈，最终必然会亡党亡国！我们要警醒啊！"[1]为政清廉才能取信于民，秉公用权才能赢得人心。改革开放以来，我们党明确地提出了权力的制约和监督问题，坚决反对和防止权力对党的侵蚀。正是考虑到权力因素在腐败现象中的原因，我

---

[1]《习近平谈治国理政》第1卷，外文出版社2018年版，第16页。

们党找到了反腐败的根本思路，明确地提出了权力的制约和监督问题。这是从20世纪80、90年代以后，特别是苏联与东欧国家共产党执政失败后不断探索的经验。对权力进行制约和监督就是建立结构合理、配置科学、程序严密、制约有效的权力运行机制，从决策和执行等环节加强对权力的监督，保证把人民赋予的权力真正用来为人民谋利益。

党的十八大以来，以习近平同志为核心的党中央深刻认识到，腐败是党长期执政的最大威胁，必须把权力关进制度的笼子里，依纪依法设定权力、规范权力、制约权力、监督权力。为此，党中央开展了史无前例的反腐败斗争，不敢腐、不能腐、不想腐一体推进，集中削减腐败存量，坚决遏制腐败增量，有力遏制了腐败蔓延势头，为完善制度、筑牢思想防线创造条件，为深化标本兼治夯实基础。在依法严厉惩治、形成不敢腐的惩戒机制的同时，注重深化标本兼治，坚持思想建党和制度治党紧密结合，完善法规制度、形成不能腐的防范机制，加强思想教育、形成不想腐的自律防线，着力营造不敢腐、不能腐、不想腐的氛围，反腐败形势逐渐发生变化，从"腐败和反腐败呈胶着状态"，到"反腐败斗争压倒性态势正在形成"，到"反腐败斗争压倒性态势已经形成并巩固发展"，反腐败斗争取得压倒性胜利并全面巩固，消除了党、国家、军队内部存在的严重隐患，确保党和人民赋予的权力始终用来为人民谋幸福。

习近平总书记强调："一个政党，一个政权，其前途命运取决于人心向背。"[1]人民群众反对什么、痛恨什么，我们就要坚决防范和纠正什么。民心是最大的政治，人民群众最痛恨腐败，这是一笔再明白不过

---

① 《习近平谈治国理政》第1卷，外文出版社2018年版，第15页。

的政治账、人心向背账，必须坚持以正风肃纪反腐凝聚党心军心民心，厚植党执政的政治基础。习近平总书记强调："经过新时代全面从严治党的革命性锻造，反腐败斗争取得压倒性胜利并全面巩固，不敢腐的震慑充分彰显，不能腐的笼子越扎越牢，不想腐的自觉显著增强。当今世界没有其他哪个政党、哪个国家能够像我们这样大规模、大力度、坚持不懈惩治腐败。我们成功走出一条依靠制度优势、法治优势反腐败之路，书写了人类反腐败斗争历史新篇章。"[1]迈上强国建设、民族复兴新征程，我们党要跳出治乱兴衰的历史周期率，要时刻保持解决大党独有难题的清醒和坚定，确保党永远不变质、不变色、不变味，就必须以彻底的自我革命精神、以零容忍的态度坚决惩治腐败，打赢反腐败斗争攻坚战持久战，使百年大党不断焕发出蓬勃生机，始终成为中国人民最可靠、最坚强的主心骨。

第一，态度要坚决，对腐败要除恶务尽。习近平总书记指出："我们这么强力反腐，对腐败采取零容忍的态度，目的是什么呢？是为了赢得党心民心。"[2]要坚持党纪国法面前没有例外，任何人不管功劳多大、地位多高，一旦触犯了党纪国法，都要依纪依法严肃查处，党内决不允许腐败分子有藏身之地。要持续保持高压态势，更加有力遏制增量，更加有效清除存量，坚决惩治政治问题和经济问题交织的腐败，坚决防止领导干部成为利益集团和权势团体的代言人、代理人，坚决治理政商勾连破坏政治生态和经济发展环境问题，决不姑息。

第二，问题要抓准，对腐败要靶向治疗。习近平总书记强调："要从源头上有效防治腐败，加强对典型案例的剖析，从中找出规律性的

---

①　《习近平著作选读》第2卷，人民出版社2023年版，第590—591页。

②　中共中央文献研究室编：《习近平关于协调推进"四个全面"战略布局论述摘编》，中央文献出版社2015年版，第145页。

东西，深化腐败问题多发领域和环节的改革，最大限度减少体制障碍和制度漏洞。"①党的十八大以来，反腐败斗争压倒性态势日趋形成，对夺取反腐败斗争压倒性胜利的信心和决心，我们党始终坚如磐石。但是，面对反腐败的高压态势，一些领域腐败现象仍然易发、多发、高发，一些腐败分子一意孤行，仍然没有收手、没有收敛，甚至变本加厉，其胃口之大、数额之巨、时间之长、情节之恶劣，令人触目惊心。要深化重点领域和关键环节的反腐败工作，深化整治权力集中、资金密集、资源富集领域的腐败，紧盯选人用人、审批监管、资源开发、金融信贷、大宗采购、土地出让、房产开发、工程招投标、公共财政支出等方面的顽瘴痼疾，精准用力、久久为功、善作善成，推动重点领域和关键环节反腐败斗争取得更大成效。

第三，发力要精准，把权力关进制度的笼子里。反腐倡廉的核心是制约和监督权力，必须把权力关进制度的笼子里。没有健全的制度，腐败现象就控制不住。要尽快形成内容科学、程序严密、配套完备、有效管用的反腐败制度体系。要在制度的严密性上下功夫，要紧一点，向严一点的标准去努力，来真格的，用最严格的制度、最严密的监督来保障和巩固工作成效，切不能"牛栏关猫"。习近平总书记指出："没有健全的制度，权力没有关进制度的笼子里，腐败现象就控制不住。"②从本质上看，腐败就是权力出轨、越轨、被滥用，许多腐败问题其实都与权力配置不科学、使用不规范、监督不到位紧密相关。要围绕授权、用权、制权等环节，完善权力配置和运行制约机制，合理确定权力归属，划清权力边界，厘清权力清单，强化权力流程控制，压缩自

---

① 《十八大以来重要文献选编》（上），中央文献出版社2014年版，第136页。
② 中共中央文献研究室、中央党的群众路线教育实践活动领导小组办公室编：《习近平关于党的群众路线教育实践活动论述摘编》，中央文献出版社2014年版，第70页。

由裁量空间，杜绝各种暗箱操作，把权力运行置于党组织和人民群众监督之下，最大限度减少权力寻租的空间。要抓住政策制定、决策程序、审批监管、执法司法等关键权力，严格职责权限，规范工作程序，强化权力制约，减少权力对微观经济活动的不当干预，着力减少腐败机会。要把反腐败的防线和关口前移，着力补短板、强弱项，加强日常管理监督，抓早抓小、防微杜渐、层层设防。要一体推进不敢腐、不能腐、不想腐，健全党统一领导、全面覆盖、权威高效的监督体系，完善权力监督制度和执纪执法体系，使各项监督更加规范、更加有力、更加有效。

第四，执行要刚性，真正让铁规禁令发力生威。要善于用法治思维和法治方式反对腐败，加强反腐败国家立法。同时，要特别注重加强法律制度建设，让法律制度刚性运行，坚决做到制度面前人人平等、制度执行没有例外。习近平总书记强调："反腐倡廉法规制度一经建立，就要让铁规发力、让禁令生威，确保各项法规制度落地生根。"[1] 在党内政治生活中，一些党员干部发生的许多不正常现象，包括贪污腐败、奢靡享乐、脱离群众等，并不是我们党内无章可循、无法可守，也不是由于党所制定的党内法规制度不正确，而是这些党内法规制度在一些党组织和党员干部中没有被执行，或者被歪曲了，或者被破坏了。法规制度的生命力在于执行，没有被执行，或者没有被正确执行，法规制度就无法发挥它应有的规范引导、控制约束、警戒警告、惩罚威慑等作用。要强化制度治党、依规治党，增强全党制度意识、法规意识，增强反腐倡廉法规制度的权威性和执行力，下大气力抓落实、抓执行，坚决纠正随意变通、恶意规避、无视制度的现象，坚决杜绝做

---

① 习近平：《论坚持全面依法治国》，中央文献出版社 2020 年版，第 155 页。

选择、搞变通、打折扣的现象，不留暗门、不开天窗，使全党自觉尊崇制度、严格执行制度、坚决维护制度，防止党内法规制度硬约束变成"橡皮筋"、"长效"变成"无效"。

第五，治理要系统，一体推进"三不"体制机制建设。不敢腐是不能腐、不想腐的前提，重在惩治和震慑。刑罚的威慑力不在于刑罚的严酷性，而在于其不可避免性。当查处效率很高、腐败的行为被处罚确定性风险系数较大，腐败行为的预期收益等于或小于其成本时，行为主体则倾向于自动阻断腐败。不敢腐，其实质就是保持惩治腐败高压态势，提高腐败案件查处概率，降低腐败收益和违法成本之间的比率，倒逼干部正确对待权力、谨慎使用权力、不敢滥用权力。惩治是后墙、是底线，如果没有惩治，教育、监督和制度就不会带电、长牙，就会成为"纸老虎""稻草人"。不能腐是不敢腐、不想腐的保障，重在制约和监督。腐败问题易发多发，一个很重要的原因就是制度不完善、管理不严格，权力过大、过于集中，同时又得不到有效制约和监督。不能腐，就是要从源头抓起，对党的十八大以来惩治腐败的生动实践进行系统总结和深入剖析，加强反腐败体制机制创新和制度建设，用科学有效的体制机制监督制约权力，为权力套上制度笼子。不想腐是不敢腐、不能腐的防线，重在教育和自律。无论制度如何完善、执法如何严厉，抗拒贪腐诱惑的最后防线都在于人能否秉持道德操守、坚守思想防线。不想腐，就是要强化党员干部和公职人员的教育引导，告诫他们"公款姓公，一分一厘都不能乱花；公权为民，一丝一毫都不能私用"，筑牢不想腐的思想基础，建立拒腐防变的精神防线，为不敢腐、不能腐构筑起坚固思想堤坝。

反腐败斗争涉及面广，任务繁重，不同主体担负着不同责任，但从根本上讲，加强党的领导，坚持党对反腐败斗争的统一领导，是反腐败斗争取得压倒性胜利的根本保证。各级党组织和广大党员干部要坚决落实新时代党的建设总要求，坚持和加强党对反腐败工作的全面领导，自觉维护以习近平同志为核心的党中央权威和集中统一领导，深刻领悟"两个确立"的决定性意义，坚决做到"两个维护"，不折不扣贯彻执行党中央关于反腐败的决策部署，决不能搞有令不行、有禁不止，决不能搞上有政策、下有对策，确保在思想上政治上行动上与党中央高度统一、步调一致，形成治党反腐的强大力量。

新征程上，我们党要继续开辟百年大党自我革命的新境界，广大党员干部就必须坚决抛弃"看戏"心态，真正从腐败分子身上吸取教训，把未病当作有病防，保持共产党人的高尚品格和廉洁操守，提高拒腐防变能力，坚守底线、追求高标准，不断提高自身免疫力。要从害怕被查处的"不敢"走向提高党性觉悟、培育清正廉洁的价值理念、自觉遵守廉洁自律准则的"不想"，把好权力关、金钱关、美色关等，做到清清白白做人、干干净净做事、坦坦荡荡为官，不断夯实拒腐防变、廉洁自律、勇于自我革命的政治根基。

第九章

以自我监督和人民监督相结合为强大动力

"以自我监督和人民监督相结合为强大动力",是习近平总书记提出的深入推进党的自我革命"九个以"实践要求收尾的一条,是"怎样推进自我革命"这一重大问题的答案之一。将自我监督和人民监督并列为推进党的自我革命的动力源泉,强调以自我监督和人民监督相结合为强大动力推进党的自我革命,深刻阐述了加强监督在管党治党、治国理政中的重要地位,是对马克思主义执政党建设规律的深刻认识,是对新时代党的自我革命实践的经验总结。以自我监督和人民监督相结合为强大动力推进党的自我革命,为我们在新征程上实现自律和他律良性互动、共同助力深入推进党的自我革命明确了路径、提供了遵循。

一、"两个监督"相结合为强大动力推进自我革命的逻辑意蕴

自我革命就是补钙壮骨、排毒杀菌、壮士断腕、去腐生肌,需要具备正视问题的自觉和刀刃向内的勇气,而这并不是一件容易的事情。纵深推进党的自我革命,需要强有力的动力机制提供原动力和驱动力。自我监督和人民监督相结合为强大动力推进党的自我革命蕴含着强化权力监督、坚持人民至上、推进自我革命的中国智慧。

（一）自我监督是自我革命的重要途径，是强身健体的"内在免疫"

自我监督是中国共产党内部的监督。2016 年 10 月 27 日党的十八届六中全会通过的《中国共产党党内监督条例》明确指出："党内监督的重点对象是党的领导机关和领导干部特别是主要领导干部。"[①]这一要求促使党的领导干部做到有权必有责、有责要担当，用权受监督、失责必追究。主体及形式包括党的中央组织的监督、党委（党组）全面监督、纪律检查机关专责监督、党的工作部门职能监督、党的基层组织日常监督以及党员民主监督。这些体现的是自我监督的形态。

自我监督的任务是确保党章党规党纪在全党有效执行，维护党的团结统一，重点解决党的领导弱化、党的建设缺失、全面从严治党不力，党的观念淡漠、组织涣散、纪律松弛，管党治党宽松软问题，保证党的组织充分履行职能、发挥核心作用，保证全体党员发挥先锋模范作用，保证党的领导干部忠诚干净担当。

从主体与对象来看，自我监督呈现出网络状分布状态，从纵向上表现为自上而下的组织监督以及自下而上的民主监督，从横向上表现为同级监督。中国共产党是基于党员主体地位和党员权利、遵循民主集中制的原则、高效组织起来的统一的政治整体，天然存在着自上而下、自下而上的监督。平行的同级相互监督，既有源于党员权利、基于党内权利委托关系而形成的组织之间的监督，如党代会对其全委会的监督、其全委会对常委会的监督，也有基于党内地位平等的同志间关系而形成的党内监督。

从内容来看，自我监督包括权力、日常工作以及政治和作风全覆盖。中国共产党是一个掌握执政权、有着严守政治纪律政治规矩、保

---

① 《中国共产党党内监督条例》，人民出版社 2016 年版，第 4 页。

持优良作风要求的政党，集多种角色于一身、具有多种特质和基因，所以自我监督包括权力、日常工作、政治、作风方方面面。其中权力监督强调立党为公、执政为民、权为民所赋、权为民所用，政治监督强调坚持四项基本原则、坚持党中央集中统一领导、对党忠诚、信仰马克思主义、个人服从组织、下级服从上级、少数服从多数、全党服从中央、重大事项请示报告等政治纪律和政治规矩。作风监督强调理论联系实际、密切联系群众、开展批评和自我批评，反对主观主义、自由主义、个人主义、宗派主义、形式主义、官僚主义、享乐主义等不良作风。

对中国共产党的监督还有党的外部场域。但是，中国共产党执掌政权、领导一切的政治地位决定了党内的自我监督在党和国家各种监督形式中是最基本的、第一位的。正如习近平总书记所强调的："对我们党来说，外部监督是必要的，但从根本上讲，还在于强化自身监督。"[1]自我监督具有权威性强、针对性强、效率高等突出特点，自我监督有力有效，才能增强自我革命的主体动力，其他监督才能发挥作用。自我监督缺位，必然导致党的领导弱化、党的建设缺失、全面从严治党不力。

（二）人民监督是自我革命的重要保障，是祛病除病的"外在良方"

知屋漏者在宇下，知政失者在草野。自我革命不能关起门来搞，自我监督也不能关起门自说自话。习近平总书记指出："进行自我革命也要注重依靠人民，靠人民群众支持和帮助解决自身问题。"[2]人民的眼睛是雪亮的，群众的意见是最好的镜子，人民是无所不在的监督力量。

---

[1] 习近平：《在第十八届中央纪律检查委员会第六次全体会议上的讲话》，人民出版社2016年版，第21页。

[2] 《提高一体推进"三不腐"能力和水平　全面打赢反腐败斗争攻坚战持久战》，《人民日报》2022年6月19日。

人民监督是保证权为民所用、利为民所谋的根本方法，是自下而上、无所不在的监督力量，具有"全过程"属性。只有织密人民监督之网，才能帮助我们党全方位、无死角地认识自身问题，甄别出杂质、毒素、毒瘤。自我革命、自我监督如果离开了人民群众，就是无源之水、无本之木。

人民监督，主体是人民群众，以人民代表大会制度、中国共产党领导的多党合作和政治协商制度、基层民主自治制度等为制度依托，强调保障人民的知情权、参与权、表达权、监督权。监督的形式有群众的直接监督，有反映群众呼声和利益但有其自身特点和独特优势的舆论监督，有经由人民选举产生的人民代表大会及其常委会的人大监督，有经由各级人民代表大会选举产生的政府、法院、检察院、监察委员会等国家机关的监督和司法监督，有代表不同社会阶层和部分人民群众利益的民主党派和无党派人士的监督，还有基层监督，等等。其中，人大监督是人民监督体系中的重要组成部分，人民群众可以通过人大代表座谈会、基层群众座谈会、问卷调查、网络调研等"开门监督"的形式，积极参与人大监督。社会监督是人民监督权力的直观化体现，公民、法人或者其他组织通过各种方式，对各级国家机关及其组成人员履职情况进行监督，既可以依法申请行政复议、提起行政诉讼，也有权向监察机关检举控告监察对象不依法履职，违反秉公用权、廉洁从政从业以及道德操守等规定，涉嫌职务违法、职务犯罪行为。随着互联网的快速发展，人们更多地借助网络媒体等信息交互平台，对各级国家机关和公职人员提出意见、建议和批评，网络在舆论监督中发挥着越来越重要的作用。另外，还有信访制度、举报制度、听证制度、社会评议制度、人民监督员制度、人民陪审员制度等多种形式便于人民群众进行监督。

人民监督是自我革命的重要他律性制约力量。人民拥护不拥护、赞成不赞成、高兴不高兴、答应不答应是中国共产党人衡量一切工作得失的根本标准，尤其是人民群众反映强烈的党内突出问题是党深入推进自我革命的具体抓手。只有在耐心倾听人民呼声、虚心接受人民监督中自觉进行自我反省、自我批评、自我教育，在服务人民中不断完善自己，才能持续深入推进自我革命。

（三）自我监督与人民监督是辩证统一的

自我监督与人民监督的场域有内外、主体有差异，但在功能上互促、逻辑上互补，二者相辅相成，缺一不可。一方面，自我监督能够承接人民监督的反馈，以刀刃向内的勇气和正视问题的自觉对人民监督的内容及时作出回应，从群众的利益出发检视自身、克服困难、解决问题。这是因为人民监督的内容与效果在一定程度上受群众的民主素养状况、利益诉求的多样性等因素的制约，仅靠外在的人民监督而无内在的自觉与主动，人民监督的实际效能都会大打折扣。另一方面，人民监督能够对自我监督形成促进，促使党始终保持清醒，并从多个角度看待问题，对照群众期待进行调整和完善，提高自我革命的针对性。无论什么时候，问题总是客观存在的，就怕仅靠自身查找不出问题，或者对问题熟视无睹、视而不见。人民群众对党内存在的突出问题，往往了解较多、感触较深，需要让其将问题提出来、反映上来。

自我监督与人民监督的统一性，深层次在于中国共产党的根本性质和以人民为中心的根本立场。习近平总书记强调："勇于自我革命和接受人民监督是内在一致的，都源于党的初心使命。"[①]同"两个答案"内在一致的逻辑相同，"两个监督"亦是内在一致的，亦源于中国共

---

① 《习近平著作选读》第2卷，人民出版社2023年版，第588页。

产党的初心使命。中国共产党，不谋私利才能谋根本、谋大利，才能从党的性质和根本宗旨出发，从人民根本利益出发；才能不掩饰缺点、不回避问题、不文过饰非，有缺点克服缺点，有问题解决问题，有错误纠正错误；才能让人民信赖我们、支持我们，真心实意帮助我们改正缺点，坚定跟着党一起奋斗。

"两个监督"蕴含着"一个问题""两个答案"的内在逻辑。我们党全面领导、长期执政，面临的最大挑战是对权力的监督。怎样强化对权力运行的制约和监督？如何成功跳出治乱兴衰历史周期率？这是我们党必须回答好的战略性问题。中国共产党给出的"两个答案"是"让人民来监督政府"与"自我革命"。"自我革命"强调刀刃向内、管党治党，"人民监督"强调外部约束、人民民主，"两个答案"相互区别、各有侧重又相互联系、内在统一，共同构成了回答"一个问题"的内外两面、一体两翼。从"两个答案"到"两个监督"，理论逻辑闭合严密，实践探索扎实有效，意蕴深刻。

（四）自我监督与人民监督相结合是自我革命的"源头活水"

推进自我革命，就是要同一切影响党的先进性、弱化党的纯洁性的问题作坚决斗争，实现自我净化、自我完善、自我革新、自我提高。习近平总书记在十九届中央纪律检查委员会第三次全体会议上的讲话曾指出，"自我净化，就是要过滤杂质、清除毒素、割除毒瘤……自我完善，就是要修复肌体、健全机制、丰富功能……自我革新，就是要与时俱进、自我超越……自我提高，就是要有新本领、有新境界"[①]。自我净化、自我完善、自我革新、自我提高这"四个自我"是自我革命的实践路径，其中，自我净化是首要环节。如何实现自我净化？过滤

---

　　① 中共中央党史和文献研究院编：《习近平关于依规治党论述摘编》，中央文献出版社2022年版，第14—15页。

杂质、清除毒素、割除毒瘤，首先需要查找出杂质、毒素、毒瘤，因此，监督是必须且必要的。正如习近平总书记所指出的："增强党自我净化能力，根本靠强化党的自我监督和群众监督。"①

自我监督与人民监督在价值追求上共通，决定了二者作为自我革命动力的目标一致性。无论是自我监督还是人民监督，都坚持人民至上，以人民为中心。从全体人民的根本利益出发，自我监督与人民监督都是为了本着彻底的自我革命精神检视自身、常思己过，坚决同一切损害党的先进性和纯洁性的因素作斗争；都是为了摆脱一切利益集团、权势团体、特权阶层的"围猎"腐蚀，并向党内成为这些集团、团体、阶层同伙的人开刀，确保党始终不代表任何利益集团、任何权势团体、任何特权阶层，守护党安身立命的根本，永葆党的生机活力；都是为了追求党、国家机关、工作人员在宪法法律范围内活动，实现党的领导、人民当家作主、依法治国的有机统一，追求中国共产党领导的中国特色社会主义事业始终赢得人民群众的认可和支持。

自我监督与人民监督都必须坚持党的领导，决定了二者作为自我革命动力的实践贯通性。无论是自我监督还是人民监督，都要始终坚持党的领导，既在党的领导部署下开展监督工作，也以监督效果贯彻落实、巩固强化党的领导，既敢于正视并解决自身存在的问题，也不因党内存在的各种问题就削弱甚至否认党的领导。

自我监督与人民监督相结合从根本上明确了党的自我革命的动力机制。自我监督是一种内生型机制，主要发生在党组织内部，主要依靠广大党员尤其是党员领导干部，从内部驱动并应用于党和国家，以自我革命带动社会革命是由内而外的。人民监督是一种外生型机制，

---

① 《习近平谈治国理政》第3卷，外文出版社2020年版，第52页。

主要依靠人民群众，从外部驱动并应用于党和政府，由人民的监督防止党和政府的腐化是由外而内的。两者相互结合、贯通协调，可以从不同方面防止权力异化。

二、"两个监督"相结合为强大动力推进自我革命的重要经验

党的十八大以来，党的自我革命实践充分证明，"两个监督"作为推进自我革命的动力，力量是强劲的、方向是明确的、实践是有效的，"两个监督"相结合，力量是加倍的、功能是互补的、成效是显著的。

（一）坚持严的基调，焕发自我监督的锻造力量

自我监督是世界性难题，是国家治理的"哥德巴赫猜想"。面对这一难题，从1926年党中央颁布第一个惩治腐败文件，到1956年八大党章规定任何党员和党的组织都必须受到党的自上而下的和自下而上的监督，再到改革开放后逐步建立健全党内监督各项制度，我们党不断在进行着自我监督的理论探索和实践探索。同时，面对"四大考验"，习近平总书记指出："长期以来，党内存在的一个突出问题，就是不愿监督、不敢监督、抵制监督等现象不同程度存在，监督下级怕丢'选票'，监督同级怕伤'和气'，监督上级怕穿'小鞋'。在不少地方和部门，党内监督被高高举起、轻轻放下，成了一句口号。"①

党的十八大以来，以习近平同志为核心的党中央以着力破解历史周期率的清醒与自觉，以前所未有的力度推进全面从严治党，把自我监督网络不断扎紧织密，探索走出了一条强化自我监督的有效路径。

落实中央八项规定精神、纠正"四风"成效显著。首先从中央领

---

① 《习近平谈治国理政》第2卷，外文出版社2017年版，第185页。

导做起，坚持自上而下、以上率下，坚持持之以恒、一以贯之，锲而不舍落实中央八项规定及其实施细则精神，改进工作作风，密切联系群众。以作风建设为突破口，把反对"四风"作为着力点，坚持严字当头，反对特权思想和特权现象，狠刹公款送礼、公款吃喝、公款旅游、奢侈浪费等不正之风，解决群众反映强烈、损害群众利益的突出问题，推进基层减负，倡导勤俭节约、反对铺张浪费，刹住了一些过去被认为不可能刹住的歪风，纠治了一些多年未除的顽瘴痼疾，党风政风和社会风气为之一新。

权威高效的监督体系基本形成。推动设立国家和地方各级监察委员会，构建巡视巡察上下联动格局，建立健全了党中央统一领导、党委（党组）全面监督、纪律检查机关专责监督、党的工作部门职能监督、党的基层组织日常监督、党员民主监督的党内监督体系。着力改进对领导干部特别是"一把手"行使权力的监督，加强领导班子内部监督。

党内监督法规制度建设成果丰硕。坚持依规治党，制定修订《关于新形势下党内政治生活的若干准则》《中国共产党廉洁自律准则》《中国共产党党内监督条例》《中国共产党纪律处分条例》《纪检监察机关处理检举控告工作规则》等一系列重要法规制度。这些法规制度对党内监督的对象、内容、监督的制度等都作出明确的规定，实现了党的自我监督有规可依。

正是由于自我监督不断加强，强有力的党内监督成为有力的制度保证和显著的政治优势，焕发出革命性锻造的强大力量，推进党的自我革命不断深入，推动党和国家事业发生历史性变革。

（二）坚持人民民主，提升人民监督的实际效能

"让人民来监督政府"是毛泽东当年在延安窑洞给出的破解历史周

期率的第一个答案。中国共产党历来注重人民监督，建设人民当家作主的政权，畅通各种渠道听取群众意见建议。历经百年探索积累，人民当家作主的主体地位逐步凸显，人民监督稳步推进。将群众"对于任何国家机关和国家工作人员的违法失职行为，有向有关国家机关提出申诉、控告或者检举的权利"写进宪法，形成了以《中华人民共和国宪法》为代表的宪法保障制度，为群众行使监督权提供了根本法律保障。

党的十八大以来，在党以前所未有的决心和勇气推进自身革命性锻造的同时，人民监督的内容不断丰富、形式不断拓展、途径不断创新。党创造性地发展全过程人民民主，构建了真正以人民为中心的民主理念、民主制度、民主实践。全过程人民民主是全链条、全方位、全覆盖的民主，是最广泛、最真实、最管用的民主。全过程人民民主在公共权力运行的各个领域、各个环节纳入人民群众的监督，实现了监督主体全覆盖，建立起有效的制度和程序保障，创造了人人负责的民主生态。和自我监督相比，全过程人民民主是外部依靠，但和西方国家政党的外部制约监督不同，中国共产党和中国人民的根本利益是一致的，人民通过民主形式对党的监督，是为了确保党能够更好完成人民托付的使命和任务，最终更好维护和实现人民的利益。

在具体实践中，发挥人大监督的主体作用，加强了对政府预算的监督，国有资产管理情况、生态建设情况等纳入监督范畴，人大和其他国家机关之间形成了"寓支持于监督""既是监督更是支持"的良好氛围和良性互动。完善各类公开办事制度，探索公务政务"看得到、听得懂、能监督"的形式，畅通人民群众建言献策和批评监督渠道，"码上巡察""一键直达"等新兴形式，更是为人民监督提供了高效便捷的渠道。来信、来访、网络举报、电话举报、新媒介举报等信访举报形式发挥着更加有效的作用，监督着领导干部的日常行为。这些丰富的实践，充分发挥了群众监督、舆论监督、社会监督的积极作用，把权力置于严密监督之下，强化了对权力运行的制约与监督。

正是由于始终诚心接受人民监督、严肃认真对待群众反映强烈的问题、积极回应解决群众的诉求，让人民监督权力，让权力在阳光下运行，用制度的笼子管住权力，用法治的缰绳驾驭权力，使"人民监督"在新时代更加丰富发展，党的自我革命持续向纵深推进。

（三）坚持协调配合，激活"两个监督"的内外动能

在如何加强权力制约与监督、防止执政党自身出现问题方面，西方国家的做法是实行多党制、三权分立，以图通过政党的选举更替、权力的分离制衡达到权力运行制约和监督的目的。对我们这样一个有9900多万名党员、在14亿多人口的超级大国长期执政的超级大党来说，自我监督是必要的，外部监督也是必要的，两者不可偏废，且必须有机结合。

在实践中我们党接受人民监督和进行自我监督始终是一体推进、一以贯之的。党的十八大以来，我们党不仅从理论上明确提出了第二个答案，而且丰富拓展了第一个答案。从"让人民来监督政府"到"勇于自我革命"，我们党对"窑洞之问"的时代回答不断拓展深化，充分彰显了我们党的政治自觉和历史主动，体现了我们党对长期执政的规律性认识达到了新高度，必将引领我们党团结带领全国人民跳出"其兴也勃焉、其亡也忽焉"的历史周期率。

自我监督与人民监督相结合的实践，始终坚持党的全面领导。坚持党的领导既是推进监督的重要前提，也是推进监督的重要目标。只有党才能总揽全局、协调各方，统筹党内监督和其他各项监督，才能领导构建起完善的监督体系。党中央将党内监督的制度完善作为《中

央党内法规制定工作五年规划纲要（2013—2017年）》的重要内容，多次制定出台党内法规，中央政治局多次研究党的建设工作，党中央连续派出巡视组实现巡视监督全覆盖以及中央决定健全纪检领导体制、部署推进派驻监督全覆盖、抽查核实领导干部个人事项报告、每年发文部署开展民主生活会和组织生活会等举措，都是党中央在进行集中统一领导、集中统一部署。而且，随着党内监督的不断推进和持续加强，全党的"四个意识"显著增强，"两个维护"更加自觉，党的凝聚力、战斗力、执行力越来越强，党的全面领导得到加强。

自我监督与人民监督相结合的实践，始终坚持以自我监督为主导。自我监督搞得好，其他监督的作用就能充分发挥；自我监督一旦失效，其他监督必然失灵。以习近平同志为核心的党中央作出推进国家监察体制改革的重大决策，要求加强党对反腐败工作的统一领导，整合分散的反腐败力量，组建各级监察委员会，实现对所有行使公权力的公职人员监察全覆盖；深化党的纪律检查体制改革，明确全面从严治党的主体责任和监督责任，健全完善纪检监察机关的监督专责，这些都是在花大力气抓自我监督。并由此构建起了完整系统、有效有力的自我监督体系，带动、引领人民监督的各项制度机制、形式方法发挥作用。检举控告作为人民群众和党员监督公权力、维护党的纪律的重要手段和途径，其规范运行有助于在全党全社会形成法治意识和程序意识，形成靠制度管权管人管事的制度环境。

自我监督与人民监督相结合的实践，始终坚持以人民为中心。在推进全面从严治党的实践中，党中央始终关注人民群众普遍关心的热点、难点、痛点问题，注重从人民群众通过举报、检举、网络舆论等渠道反映的热点问题，紧紧围绕这些问题抓调查研究、解决落实。聚焦扶贫领域腐败和作风问题，聚焦教育医疗、环境保护、食品药品安全等民生领域侵害群众利益问题，聚焦发生在群众身边的不正之风和"微腐败"问题，聚焦统计造假问题，部署专项整治工作，着力解决群众最关心最直接最现实的利益问题。党的十八大以来，党在反腐败斗争、作风建设方面取得的突出成就，亦得益于人民群众的积极支持和广泛参与。比如，巡视监督就是自我监督与人民监督相结合的有效方式，巡视组进驻前就公开发布巡视对象名单，进驻后公布邮政信箱和举报电话、开门接访，巡视结束后公开整改情况、接受社会监督。

自我监督与人民监督相结合的实践，始终坚持制度建设。党的十八大以来，我们党坚持依规治党和依法治国相结合，把党内法规体系建设纳入依法治国战略，不断健全党内法规体系和国家法律体系，密集修订、制定了百余部党内法规。覆盖权力运行全领域全过程的党和国家自我监督法规体系逐渐完善成熟，纪法衔接、法法衔接的纪法运行机制日趋健全。遵循责权对等原则，党在推进全面从严治党的实践中，既赋予了监察权应有的权威，也以完善的法规体系强化对纪检监察权力运行的监督，形成了权力规范运行的闭环，为人民群众开展监督、党员干部自觉接受监督提供了制度保障。

三、"两个监督"相结合为强大动力推进自我革命的实践要求

自我革命永远在路上，我们党要永远立于不败之地，就要不断推进自我革命。要不断推进自我革命，就要内靠党自身，外靠人民群众。新征程上，要始终坚持一切为了人民、一切依靠人民，更加自觉以"两个监督"相结合为强大动力，做到自我监督与人民监督的内外协同、双轮驱动，深入推进党的自我革命实践。

（一）增强监督体系的集约性协同性，让"两个监督"立得起

监督是个复杂的系统工程，不仅包含监督的主体、对象和途径、制度等内容，且每一方面内容又包含着诸多更细内容、更基本的要素和环节。在来自不同主体、不同渠道，针对不同对象、不同内容的监督中，关键要各项监督之间配合协调、良性互动。完善监督体系、整合监督力量、形成监督合力，是自我革命向纵深发展、解决大党独有难题的重要要求。

当前，党和国家监督体系建设已由前期的夯基垒台、立柱架梁，中期的全面推进、积厚成势，进入系统集成、协同高效的新阶段。接下来，要不断优化完善监督体系，在自我监督与人民监督的有机结合上下功夫，突出规范化、法治化、正规化深化监督改革和制度建设，增强监督体系的集约性协同性。

以自我监督和人民监督相结合不断推进党的自我革命，要在党中央集中统一领导下，做实做强党委（党组）全面监督，加强对各类监督主体的领导和统筹，使监督工作在决策部署指挥、资源力量整合、措施手段运用上更加协同。要推动党的领导和监督一贯到底，构建横向到边、纵向到底的监督体系，延伸监督触角、激活"末梢神经"。要完善以党内监督为主导、各类监督贯通协调、统筹协同、一体推进机制，坚持在党内监督定向引领下，促进各类监督既依照自身职责发挥效能，又强化关联互动、系统集成，形成同题共答、常态长效的监督合力。要完善纪检监察专责监督体系，持续推进纪律监督、监察监督、派驻监督、巡视监督统筹衔接常态化制度化，加强人大监督，完善基层监督体系，畅通人民监督、社会监督、舆论监督的渠道。

制度问题更带有根本性、全局性、稳定性、长期性。要加强监督，关键是把权力关进制度的笼子里。习近平总书记指出："把权力关进制

度的笼子里，首先要建好笼子。笼子太松了，或者笼子很好但门没关住，进出自由，那是起不了什么作用的。"[①]党的十八大以来，自我监督的制度笼子不断扎紧织密。在接下来的实践中，要进一步注重推动健全科学严密、系统完备、运行高效的监督法规制度体系。要更加重视从体制机制上破解监督难题，继续深化相关改革，进一步完善党内法规制度，强化法规制定与法规执行、法规监督的结合，着力消除对公权力行使的监督空白和盲区，把所有党员干部及所有行使公权力的公职人员都置于党组织和人民群众的监督之下，形成全面覆盖、常态长效的监督合力。要围绕一体推进不敢腐、不能腐、不想腐，推进作风建设常态化长效化等完善基础性法规制度。要着力完善国家机关监督、民主监督、司法监督、群众监督、舆论监督的法律法规，突出监督的规范化建设，形成靠制度管权、管事、管人的长效机制，推动监督制度更加成熟更加定型。要完善自我监督和人民监督有机结合的制度，畅通人民群众建言献策和批评监督渠道。

为了推进制度的贯彻落实，要制定出有可操作性的实施细则和配套性制度措施，使现有的监督法规制度细化。由于各地、各部门、各单位、各领域情况不同，还应结合具体实际，区分不同的监督对象、不同监督内容，确立明晰的问题意识，对目前已有的监督制度进一步具体化，使其更具针对性。此外，还要进一步健全制度执行机制，通过检查、核查等方式跟踪制度执行落实情况。

（二）增强监督方式的针对性有效性，让"两个监督"用得好

习近平总书记在二十届中央纪律检查委员会第三次全体会议上强调："要坚持解放思想、实事求是、与时俱进、守正创新，不断进行实

---

① 中共中央文献研究室编：《习近平关于全面从严治党论述摘编》，中央文献出版社2016年版，第200页。

践探索和理论创新，不断深化对党的自我革命的规律性认识，把党的自我革命的思路举措搞得更加严密，把每条战线、每个环节的自我革命抓具体、抓深入。"①这就要求我们抓住"两个监督"中的关键性监督形式，优化机制设计，因地制宜、因时制宜创新探索强化监督适用性和针对性的方法措施，有效增强监督合力、提高监督质效，进一步密切党同人民群众之间的联系。

党内监督形式主要包括巡视、巡察、党内谈话、领导干部述责述廉、个人有关事项报告、插手干预重大事项记录等，这些都需要其他监督的密切配合，才能顺利进行、取得实效。比如，推动巡视、巡察与群众申诉、检举、控告更好地对接，充分发挥巡视的利剑作用，通过更广泛、更直接地接触被巡视地区、单位广大群众，拓宽群众反映意见的渠道，加强群众举报线索受理工作，实行规范处置、动态管理，在党和人民群众之间架起便捷的沟通桥梁，有利于形成强大的内外监督合力。比如，加强司法监督，各级党组织要支持司法机关依法独立公正地行使职权，同时，司法机关要在党的领导下开展监督工作，严格执行重大问题请示报告制度，发现党的领导干部违反党规党纪、需要党组织处理的，要及时向有关党组织报告，依法立案查处党的领导干部案件，要向同级党委、纪委通报。

一是要紧紧围绕党中央大政方针和习近平总书记重要指示批示精神加强政治监督，推进政治监督具体化、精准化、常态化。反对腐败不是监督的唯一内容。习近平总书记曾一针见血地指出："这些年，在干部监督上，相当一部分党组织习惯于把防线只设置在反对腐败上，认为只要干部没有腐败问题，其他问题都可忽略不计，没有必要加以

①《深入推进党的自我革命　坚决打赢反腐败斗争攻坚战持久战》，《人民日报》2024年1月9日。

追究，也不愿意加以追究。有的干部也认为，自己没有腐败问题就行了，其他问题都不在话下，没有什么可怕的……这是不对的，必须加以纠正。"①政治监督是监督的重要内容，要坚持党中央重大决策部署到哪里，政治监督就跟进到哪里。政治巡视是政治监督的重要方式，是推进党的自我革命的重大举措和战略性安排。强化政治监督，要以政治巡视为抓手，深入探索提级巡视、联动巡视，不断提高巡视发现问题的能力和水平，严明政治纪律和政治规矩，推动党员旗帜鲜明讲政治，坚定拥护"两个确立"、坚决做到"两个维护"，确保全党思想统一、政治团结、组织巩固、步调一致。

二是要完善派驻监督制度，让派驻监督更加规范、更加有力、更加有效。对"关键少数"的监督，是个难题。在派驻监督这一形式中，纪委监委向党和国家机关、金融企业、国有企业、高校等单位派驻纪检监察机构，履行监督专责，不但实现了党内监督全覆盖、公职人员监察全覆盖，而且破解了"关键少数"监督难题。进一步完善派驻监督制度，要增强"派"的权威和"驻"的优势，推进"有形覆盖"向"有效覆盖"提升，推进派驻机构工作规范化、法治化、正规化，推动新时代派驻监督工作高质量发展。

三是要加强纪检监察队伍建设，锻造忠诚过硬的自我监督铁军。执纪者必先守纪，律人者必先律己。纯洁先进的纪检监察干部是推进党的自我革命的重要力量来源。充分发挥自我监督作用，首先要以铁的纪律打造忠诚于党、勇挑重担、敢打硬仗、善于斗争的纪检监察铁军。纪检监察干部要自觉改造主观世界，用习近平新时代中国特色社会主义思想的世界观和方法论武装头脑，筑牢理论之基、淬炼思想之

---

① 中共中央文献研究室编：《习近平关于全面从严治党论述摘编》，中央文献出版社2016年版，第105—106页。

魂、锤炼坚强党性，把牢"总开关"、补足"精神钙"，严防"灯下黑"、清除"害群马"。在发挥监督作用的政治实践中，纪检干部要发扬斗争精神，勇于自我革命，敢于在反腐败斗争中亮剑，真正做到懂纪守纪、懂法守法，严明执纪、规范执法。

四是要提升人大监督质效，充分激活人民监督的制度活力。人民代表大会制度的重要原则和制度设计的基本要求，就是任何国家机关及其工作人员的权力都要受到监督和制约。各级人大及其常委会代表人民统一行使对本级"一府一委两院"的监督权，是各国家机关的法定监督主体，是人民监督的重要形式，在党和国家监督体系中发挥重要作用。各级人大及其常委会要用好宪法赋予的监督权，实行正确监督、有效监督、依法监督，坚持围绕中心、服务大局、突出重点，聚焦党中央重大决策部署，聚焦人民群众所思所盼所愿，推动解决制约经济社会发展的突出矛盾和问题。要充分发挥人大代表联系人民群众、倾听人民意见建议的积极作用。

五是要发挥群众监督的正向作用。随着科学技术、互联网、新媒体的不断发展，千千万万的群众就像无处不在的"探头"，特别是在新媒体迅速发展的当下，编织了一张更广、更密、更强大的监督网。权力的运行、干部的行为都处于群众的监督之下，出现舆情反映，就要不遮掩、不回避，诚恳接受监督，及时调查处理回应关切。相关调查结果，必须秉持实事求是的态度，既不能放过事实细节，也不能被舆论带偏，一就是一、二就是二，不枉不纵，给出有信服力、负责任的调查结果。有则改之，无则加勉，不断改进工作，做好情况解释说明，发挥监督在基层治理中的作用，推动监督落地，让群众参与到监督中来，发挥出群众监督、舆论监督的正向作用。

（三）增强接受监督的自觉性主动性，让"两个监督"管得住

习近平总书记强调："不想接受监督的人，不能自觉接受监督的人，觉得接受党和人民监督很不舒服的人，就不具备当领导干部的起码素质。"[1]"如果把监督当成挑刺儿，或者当成摆设，就听不到真话、看不到真相，有了失误、犯了错误也浑然不知，那是十分危险的。"[2]权力必须有制约和监督，绝对权力导致绝对腐败，这是古今中外都证明了的一个道理。因此，权力必须有边界、受监督，党内没有不受制约的特殊权力，没有不受监督的特殊党员。无论是自我监督还是人民监督，一个积极而长远的效果就是每一个掌握公权力的党员与干部始终接受批评和监督，自觉、主动地在法治轨道上履职行权、为党尽职、为民谋利。

首先，要深入推进反腐败斗争。从查处的大量案例中发现，传统腐败与新型腐败交织，以传统腐败为主，正处在向新型腐败过渡的阶段性特征。要做到态度不变、力度不减、重点不偏，继续紧盯重点问题、重点领域、重点对象、新型腐败和隐性腐败，把严惩政商勾连的腐败作为攻坚战重中之重，坚决防止利益集团、权势团体向政治领域渗透，强化反腐败高压态势，一体推进不敢腐、不能腐、不想腐。要让党规党纪持续成为带电的高压线，让不愿、不想接受监督之人感受到威慑力。

其次，要做细做实日常监督。要抓早抓小、防微杜渐，对小事小节进行日常监督。小事小节是一面镜子，能够反映人品、反映作风，小事小节中有党性、有原则、有人格，一些领导干部蜕化变质往往都

---

① 《十八大以来重要文献选编》（上），中央文献出版社2014年版，第136页。

② 中共中央文献研究室编：《习近平关于全面从严治党论述摘编》，中央文献出版社2016年版，第204页。

是从思想上的小毛小病、小枝小节和经济上的小偷小摸、小贪小占开始的。要完善日常监督机制，将监督触角深入党员干部的工作、学习和生活，时时刻刻提醒党员干部守住初心，克服私心和欲望，怀德自重、一心为民，时时处处提醒党员干部守住防腐拒变"围猎"关口，清正廉洁、挺直脊梁，内无妄思、外无妄动，杜绝"贪欲害"，防住"心中贼"。要守住交往关，交往必须有原则、有规矩，不断净化社交圈、生活圈、朋友圈，警惕"朋友圈"演变成"腐败圈"，严格交友原则，纯洁交友动机，升华交友境界。

再次，要践行群众路线。党的群众路线，是增强监督实效、形成监督合力的锐利武器。要坚持人民群众在权力监督中的主体地位，衡量工作优劣要把人民群众的意见作为"标尺"，考核评价干部要把群众认不认可作为根本依据，始终把干部置于群众监督之下。要深入群众开展调查研究，了解人民群众到底需要什么、向往什么、期盼什么，多到分管领域的基层一线去，多到困难多、群众意见集中、工作打不开局面的地方去，体察实情、解剖麻雀，全面掌握情况，做到心中有数，鼓励基层干部群众讲真话、讲实话、讲心里话，对发现的问题，要分析原因、找准症结，有针对性地研究解决。

最后，要加强国法党规学习。国法与党规，必须转化为对领导干部的引导与约束，不能出台之后束之高阁。领导干部的学习掌握是关键一环。要注重对应知应会的国家宪法法律、党章党规党纪的深入学习把握，心存敬畏、手握戒尺，从学法学规中明确守法遵规的底线与红线。要开展经常性学习，不能学完一次就放到一边。"关键少数"要带头学，坚持问题导向、效果导向，突出重点，有的放矢。要创新警示教育方式，深刻剖析典型案例，建立健全以案说德、以案说纪、以案说法、以案说责机制，推动形成廉荣贪耻的社会氛围。

时代是出卷人，我们是答卷人，人民是阅卷人。我们党追求的理想崇高而神圣，肩负的使命艰巨而繁重，要始终居安思危，时刻警惕我们这个百年大党会不会变得老态龙钟、疾病缠身。只有以时代发展的要求审视自己，以自我革命精神锻造自己，才能确保党不变质不变色不变味，始终成为中国特色社会主义事业的坚强领导核心。

实践证明，100多年来，外靠发展人民民主、接受人民监督，内靠强化自我监督、全面从严治党，中国共产党不断深入推进了自我革命，保证了党长盛不衰、不断发展壮大。可以说，"两个监督"相结合，是党经过不懈思索和长期探索得出的答案，不仅找到了解决执政党监督难题的中国方案和制度安排，而且取得了优越于西方国家监督模式的治理成效。只有以自我监督和人民监督相结合，才能以党内监督带动和促进其他监督，建立更加科学、更加严密、更加有效的中国特色监督体系，确保权力在阳光下运行。

深入推进党的自我革命，要坚持以自我监督和人民监督相结合为强大动力。既要强化党的自我监督，完善党内监督的各项制度机制，不断健全党内监督体系，也要自觉接受人民监督，切实把党内监督同国家机关监督、民主监督、司法监督、群众监督、舆论监督贯通起来，实现自律与他律良性互动、相得益彰。

后 记

本书由中共中央党校（国家行政学院）党的建设教研部张荣臣教授、中共重庆市委党校（重庆行政学院）蒋成会副教授、中共广东省委党校（广东行政学院）党的建设教研部郑超华副教授合著而成。其中，张荣臣教授负责全书的统稿工作，约请中共重庆市委党校（重庆行政学院）、广东省委党校（广东行政学院）等有关专家学者完成了本书。全书各部分主要完成人为：第一章崔言鹏；第二章、第六章蒋成会、苟立伟；第三章、第八章冼艳梅、郑超华；第四章陈钟琪；第五章王蒙；第七章杨蕾歆；第九章李英。需要说明的是，由于时间紧、任务重，书中难免存在疏漏。在写作过程中也参考了一些文献和其他材料，在此特表示感谢。关于党的自我革命的理论和实践问题，还有许多需要进一步深化研究的空间，本书谨此作抛砖引玉，敬请有关专家、学者、读者批评指正。

作者

2024年10月